Lisbeth Pahnke

GINE

Ein Pferdehof in Schweden

Schneider-Buch

Inhalt

Norrlövsta

Im gleichen Augenblick, als Gine zwischen die Birken ritt, wußte sie, daß das ein Fehler war. Zu spät versuchte sie ihre kleine schwarzbraune Stute zurückzuhalten. Die einladend grüne Wiese unter den Bäumen war nach dem vielen Regen der letzten Wochen der reinste Sumpf. Es patschte. Ein saugendes Patschen um Morenas Hufe... Die Stute machte erschrocken ein paar Schritte zur Seite und sank noch tiefer ein.

Ich muß zurück! dachte Gine verzweifelt und versuchte ihr Pferd zum Umkehren zu bewegen. Morena warf sich herum, doch ihre Hinterbeine, die im Morast feststeckten, kamen nicht frei, sondern knickten bei der Wendung ab – und plötzlich lagen beide im Morast – Gine in gefährlicher Nähe der Pferdehufe. Sie rollte sich zur Seite und war im Nu wieder auf den Beinen.

Doch Morena war noch schneller. Sie stürmte davon, den Bauch und die Hälfte des Sattels triefend vor Schlamm. Mit schlenkernden Zügeln und schwingenden Steigbügeln, die während des wilden Galopps über die abschüssige Wiese gegen ihre Flanken schlugen, raste sie dahin.

„Morena!" schrie Gine, obwohl sie wußte, daß es sinnlos war. „Morena! Bleib hier! Warte, Morena..."

Es roch dumpf nach Schlamm und nasser Erde, und in den schwarzen Löchern, die Morenas Hufe im Gras hinterlassen hatten, blubberte schmutzigbraunes Wasser.

Gine beeilte sich, wegzukommen, ehe ihre Stiefel zu tief

einsanken. Endlich war sie wieder auf festerem Grund. Alles, was sie noch von ihrem Pferd sah, waren zwei Hinterhufe, die rasch verschwanden. Sie hörte ein Klappern, als Morena den Kiesweg erreichte; dann war es still.

Typisch! dachte Gine erschöpft. Sie galoppiert natürlich geradewegs nach Hause. Pirat wäre geblieben. Pirat wäre ihr nie so davongelaufen. Sie hätte ihn nur zu rufen brauchen, so wie sie es mit Morena gemacht hatte, und er wäre sofort stehengeblieben und hätte gewartet. Aber Pirat und sie waren ja Freunde. Sie kannten einander. Mit Morena war das anders.

Gine seufzte. Sie fühlte sich richtig zerschlagen. Vielleicht war sie doch von einem Pferdehuf gestreift worden, oder sie war ein bißchen unglücklich gestürzt. Der eine Arm fühlte sich steif an.

Und wie sie aussah! Die nasse schwarze Erde klebte an der hellen Reithose und der braunen Cordsamtjacke. Vier Kilometer bis nach Hause! Großartig. Gine hoffte nur, daß Morena auf dem Heimweg keinem Auto begegnete und daß sich die Zügel nicht um ihre Beine wickelten.

Aber vermutlich würde sie unbeschadet heimkommen und einfach vor der Stalltür stehen, keuchend, das Fell am Hals gelockt vom Schweiß, und warten. Daß jemand sie dort sah und sich zusammenreimen würde, was geschehen war, dafür gab es wohl keine Hoffnung. Niemand würde ihr mit dem Wagen entgegenfahren. Papa war im Büro. Li war noch nicht von der Schule zurück, und Mama…

Gine lächelte leicht, als sie an ihre Mutter dachte. Die saß natürlich ganz versunken an ihrem Webstuhl, während ihr neuestes Kunstwerk entstand. Ihre Mutter hätte es nicht einmal bemerkt, wenn zehn Pferde vor ihrem Fenster stünden und wieherten. So blieb Gine nichts anderes übrig, als nach Hause zu wandern.

Vieles ging ihr auf dem Heimweg durch den Kopf. Vier Kilometer sind schon ein ganzes Stück, wenn man sie mit lehmigen Reitstiefeln zurücklegen muß, vor allem, wenn der Weg fast ständig bergan führt. Und Gine dachte an alles, was in der letzten Zeit geschehen war.

Den ganzen Sommer lang hatten die Schwestern Gine und Li von Norrlövsta gehört. Ihre Mutter hatte von den wunderbaren alten Fliederbüschen mit ihren rot-lila Blütenkaskaden erzählt, der Vater hatte ein Gedicht über den Kirschbaum von Norrlövsta gemacht. Und als es sich zum Herbstanfang entschied, daß sie wirklich aufs Land ziehen würden, hinaus nach Norrlövsta im schwedischen Småland, in das sich Gines Eltern verliebt hatten, da war Gine glücklich. Es gab nämlich einen Stall auf dem Hof mit vier geräumigen Boxen. Und allein die Vorstellung, Morena und Pirat aus ihren engen, schäbigen Boxen im alten Reitstall zu holen und mit hinaus aufs Land zu nehmen, in einen ganz eigenen Stall..., das war unbeschreiblich schön.

Pirat war zuletzt so mürrisch und ungeduldig in seiner Box geworden; er mochte den Lärm der vielen Kinder nicht, die im Reitstall herumliefen. Gine hatte längst davon geträumt, ihm noch ein paar ruhige, schöne Jahre auf dem Land zu bescheren, jetzt, da sie nicht mehr an Wettkämpfen teilnahmen. Das hatte er verdient.

Ach, Pirat! Gine fand, daß er noch immer genauso schön war wie damals, als sie ihn bekommen hatte. Damals waren sie beide zehn Jahre alt gewesen und Pirat ein liebenswertes goldbraunes Connemarapony mit lustigen Augen unter der schwarzen Stirnlocke.

Gine war froh darüber, daß er jetzt so alt war – sie konnte ihn guten Gewissens behalten und dafür sorgen, daß er es gut hatte. Ein achtzehnjähriges Pony wollte bestimmt keiner kaufen. Viel

Geld war er wohl nicht mehr wert. Aber für Gine würde Pirat immer ein Teil ihres Lebens bleiben, ein Teil ihrer Jugend, ein Stück Geborgenheit gegen das drohende Erwachsenenleben, das ständig näherrückte.

Erwachsene redeten fast dauernd vom Geld. Daß die Steuern so hoch waren, das Essen so teuer und daß es so viele Arbeitslose gab. Gine wollte nie so werden wie sie. Es schien fast, als hätten die Erwachsenen keine Zeit mehr, fröhlich zu sein. Sie saßen vor dem Fernseher und ließen sich überschütten mit Nachrichten von Krieg und Atomwaffen, von Mord und Hungersnöten und allen Schrecknissen dieser Welt.

Ihre Mutter jedenfalls war nicht so. Gine kicherte unwillkürlich vor sich hin, als sie sich die letzte Anhöhe nach Norrlövsta hinaufplagte und an ihre Mutter dachte. Ihre hübsche schwarzhaarige Mutter Lina, die all ihre Liebe zum Lebendigen in ihre Wandteppiche hineinwebte.

Während der beiden Wochen, die sie jetzt auf Norrlövsta wohnte, hatte ihre Mutter es geschafft, daß alle Topfpflanzen sich in der neuen Umgebung wohl fühlten. Gine wußte, daß es bald an jedem Fenster blühen würde. Ihre Mutter pflegte Pflanzen und Blumen wie Wickelkinder; und das war eigentlich seltsam, wenn man bedachte, wieviel anderes sie vergaß – Kochen zum Beispiel. Mama konnte einen Wandteppich, dessen Ausführung mehrere Wochen dauerte, in allen Einzelheiten vorausplanen, doch den Speiseplan für ein paar Tage oder ein Wochenende festlegen, das konnte sie nicht. Sie vergaß alles, außer ihrer Kunst und ihren Blumen.

Zum Glück war Papa ein bißchen praktischer veranlagt. Wenn er von der Arbeit nach Hause fuhr, kaufte er unterwegs Lebensmittel ein und alles, was man für den Haushalt so brauchte. Doch auch er war etwas Besonderes mit seinen Gedichten, die meist von Bäumen handelten. Wegen der Bäume hatte er sich auch in Norrlövsta verliebt.

Der Hof lag auf einem Hügel, umgeben von alten Eschen, deren knorriges Gezweig jetzt im Herbst an die verarbeiteten Hände eines alten Mannes erinnerten. Bei ihrem Anblick mußte Gine oft an die armen Bauern denken, die sich früher hier auf den steilen Hängen abgeplagt hatten, ehe der Hof schließlich aufgeteilt und verkauft wurde. Nun wuchs auf den meisten Feldern Jungwald, der in Staatsbesitz war.

Doch das Land, das noch zum Haus und zum Stall gehört, reicht für uns und die Pferde, dachte Gine. Bauern sind wir ja nicht, trotzdem kann man auch als Städter gern auf dem Land leben.

Gine hatte den Stall fast schon erreicht. Um sich abzulenken, hatte sie an alles mögliche gedacht. Doch jetzt wurde sie wieder von Unruhe gepackt. Wenn Morena nur nichts zugestoßen war! Vielleicht war sie auch gar nicht nach Hause gelaufen – vielleicht fand sie noch nicht in ihren neuen Stall zurück...

Ein Wiehern riß Gine aus ihren Gedanken. Es war Pirat, der im Stall stand – und da kam die Antwort, ungeduldig, schrill.

Was für eine Erleichterung! Morena wartete vor der Stalltür, genau wie Gine gehofft hatte. Wunderbar – sie stand immerhin auf ihren vier Beinen. Der dunkelbraune Hals war schweißbedeckt, die Zügel waren zu Boden geglitten und schleiften im Schmutz. Jetzt trampelte Morena auch noch auf ihnen herum, ehe Gine sie erreicht hatte. Zugleich warf sie mit einem Ruck den Kopf zurück. Da lag die Trense mitsamt dem Gebiß und allem übrigen im Schmutz vor der Stalltür; der Halsriemen hatte sich an der Seite gelöst.

„Herrje!“ schimpfte Gine und fühlte sich auf einmal sehr müde, als sie an all die Arbeit dachte, die vor ihr lag. „Du bist wirklich unmöglich! Zuerst rennst du davon, und dann machst du auch noch alles kaputt. Hinein in den Stall mit dir, du Ungetüm, damit ich dich abtrocknen und nachsehen kann, ob du dich auch nirgends verletzt hast.“

Sie öffnete die Stalltür und ließ Morena hineingehen. Pirat wieherte und hob den Kopf, aber Morena legte die Ohren zurück und zeigte ihm die Zähne. Jetzt, da sie wieder im Stall war, machte sie sich nichts mehr aus ihm. Sie ging in ihre Box, sah wie immer nach, ob nicht vielleicht noch etwas Hafer in der Futterkrippe war, wandte sich enttäuscht ab, drehte sich ein paarmal im Kreis, stellte sich dann in die Ecke und pinkelte.

„Das ist wieder mal typisch“, sagte Gine und begann den Sattelgurt zu lösen. „Das hättest du ja wohl auch draußen machen können, während du gewartet hast.“

Für gewöhnlich fand es Gine sehr gemütlich in dem kleinen Stall. Er bestand aus vier geräumigen Boxen, die in einer Reihe an der rechten Wand entlang angeordnet waren, und der Stallgasse links von den Boxen. Die Pferde standen in den beiden mittleren Boxen: zuerst Morena, dann Pirat. Ganz hinten war es leer bis auf das Heu und das Stroh, das Gine von der Tenne herunterholte; die Box, die der Tür am nächsten war, wollte sie in eine Sattelkammer umwandeln. Sie hatte große Pläne damit – doch jetzt galt es vor allem einmal, die schmutzige, verschwitzte Stute zu versorgen, den dreckverkrusteten Sattel zu reinigen und die Trense zu reparieren, falls das überhaupt noch möglich war.

Nun ja, es hätte schlimmer sein können. Morena schien sich wenigstens nicht verletzt zu haben. Gine bückte sich und ließ die Finger über Morenas Beine gleiten. Nichts war heiß, empfindlich oder geschwollen, und alle vier Hufeisen saßen noch fest.

Gine warf einen Blick auf ihre Armbanduhr und erschrak. Schon vier! Dabei hatte sie Li versprochen, daß sie nach dem

Essen noch in die Stadt fahren würden. Ihre Schwester mußte jeden Augenblick von der Schule zurückkommen, und Gine hatte noch nicht einmal mit der Stallarbeit angefangen. Sie gab jedem Pferd einen Armvoll Heu und rieb Morena mit Strohwischen ab, bis sie erschöpft war. Gegen den Schmutz am Bauch konnte Gine im Augenblick nichts ausrichten; er mußte trocknen, damit sie ihn dann abends abbürsten konnte. Anschließend legte sie Morena noch die Schweißdecke und die blaugelbe Sommerdecke auf.

Jetzt kam das Wasser an die Reihe. Sobald Gine am Hahn drehte, begann Morena eifrig zu wiehern. Es war ein grollender Laut, der bedeutete: Beeil dich, ich hab wahnsinnigen Durst! Gine hatte absichtlich mit dem Wasser gewartet, bis die Stute nicht mehr erhitzt und verschwitzt war. Jetzt stellte sie ihr den Eimer hin, und lange Zeit hörte man nichts anderes als lautes Geschlapper, während Morenas Kopf immer tiefer im Eimer verschwand. Schließlich hob sie den Kopf und mahlte zufrieden mit den Zähnen, wobei ihr Maul offenstand, so daß das letzte Wasser in kleinen Rinnsalen ins Stroh floß.

„Na, wie du sabberst!“ lachte Gine. „Jetzt muß ich aber weg. Friß dein Heu auf. Tschüs, Pirat! Ciao, Morena!“

Gine nahm Sattel und Trense unter den Arm und eilte die kurze Anhöhe vom Stall zum Wohnhaus hinauf. Erst jetzt fiel ihr auf, daß Robbie nicht da war. Hatte er sie nicht gehört? Er kam doch sonst immer auf seinen steifen Beinen zum Stall heruntergetrottet, begrüßte Gine mit einem leichten Schwanzwedeln und sah mit seinen zärtlichen, trüben alten Augen zu ihr auf. Daß er es nun nicht mehr schaffte, sie auf ihren Ausritten zu begleiten, hatte sie begriffen. An einem Tag der vergangenen Woche hatte er Gine nur einen langen Blick zugeworfen und sich langsam umgewandt. Dann war er zum Haus zurückgegangen, statt ihr und Morena zu folgen. Doch bis jetzt war er ihr wenigstens stets nach den Ausritten bis zum Stall entgegengegangen.

Gine spürte einen Klumpen im Hals. Der Sattel war mit einemmal schwer wie Blei. Mit zögernden Schritten legte sie das letzte Stück zum Haus zurück. Der Sattelgurt schleifte am Boden, doch sie merkte es nicht. Unter ihren Lidern brannten Tränen. Nur nicht weinen, dachte sie. Hunde konnten nun einmal nicht so lange leben wie Menschen, das wußte sie. Aber es tat so weh, an Robbie zu denken.

Auch vor dem Haus war er nicht. Gine lud Sattel und Trense vor der Haustür ab und sah sich um. Von der Gartentür her sah sie ihre jüngere Schwester Li mit raschen, wütenden Schritten heraufkommen – vermutlich hatte der Schulbus heute Verspätung gehabt. Man merkte schon von weitem, wie böse Li war; sie schwenkte ihre Schulmappe heftig und stieß mit den Spitzen der neuen Cowboystiefel Steine vor sich her.

Jetzt ist's aus mit dem Frieden, dachte Gine. Und sie fragte sich, ob es wohl noch jemanden auf der Welt gab, der eine so schwierige jüngere Schwester hatte wie sie. Entweder zornig oder überschwenglich froh – dazwischen gab es bei Li nichts. Eine vergnügte Li, die ohne Punkt und Komma von Schule, Kameraden und Pferden redete, voller neuer Ideen und Einfälle, das war an so einem Tag anstrengend genug, doch eine wütende Li, das war fast mehr, als Gine jetzt ertragen konnte.

„Hallo!“ rief sie.

„Servus“, kam es mürrisch zurück. Li war nach dem raschen Fußmarsch rot im Gesicht, ihr kurzgeschnittenes dunkles Haar lockte sich. Die dunkelbraunen Augen waren schwarz vor Zorn. Li war elf.

„Ich hasse diesen verdammten Berg, den man sich jeden Tag

hinaufplagen muß. Und ich hasse die Schule, und am meisten hasse ich diesen blöden Jörg, der einen dauernd zu Tode ärgert!"

„Was hat er denn jetzt wieder getan?"

„Er ist gemein! Er ärgert mich dauernd! Den ganzen Tag ist er während der Pausen herumgelaufen und hat geschrien: „Da kommt Li, wütend wie ein Hornissenvieh!"

„Und da bist du natürlich erst wütend wie eine Hornisse geworden", sagte Gine und verbiß sich das Lachen. „Nennen sie dich denn nicht Linde in der Schule?"

Li schnaubte. „Das sollen sie bloß mal versuchen! Am ersten Tag, als der Lehrer erzählte, wie ich heiße und so, da hab ich den anderen gesagt, sie müssen mich Li nennen, sonst kriegen sie einen Tritt gegen das Schienbein! Einen blöderen Namen als Linde gibt's ja wohl nicht! Papa mit seinen Bäumen ist schuld daran! Und dann finden sie in der Schule, daß ich komisch rede. Dabei sind sie es, die komisch reden! Wenn wir nur nie hierhergezogen wären! Ich möchte so gern wieder zu Hause wohnen, in Norrland. Dort bin ich daheim. Ich hasse Småland!"

Nach dieser Schimpftirade lief Li ins Haus und knallte die Tür hinter sich zu. Gine folge ihr langsamer. Sie war an Lis Ausbrüche längst gewöhnt. Was die Kleine für ein Temperament hatte! Entweder war sie fröhlich und ausgelassen, oder sie platzte fast vor Wut.

Manchmal wunderte sich Gine darüber, daß sie beide so verschieden waren. Auch Gine konnte froh oder traurig sein, aber so wütend wie Li war sie fast nie.

Äußerlich dagegen ähnelten sich die beiden Schwestern sehr. Beide hatten die kastanienbraunen Haare, die dunklen Augen und das feine Profil ihrer Mutter geerbt. Li allerdings sah meistens wie ein frecher Junge aus mit ihren kurzgeschnittenen Haaren; Gine band ihr langes Haar oft zusammen und flocht es im Nacken zu einem dicken Zopf.

Li war die einzige in der Familie, die sich über den Umzug nicht freute. Sie wollte sich einfach nicht daran gewöhnen, daß jetzt Norrlövsta in Småland ihr Zuhause war. Sie sehnte sich mit aller Macht zurück nach ihrem alten Heim – nach den Freunden in der Reitschule, wo Pirat und Morena untergebracht gewesen waren, dem Wald, in dem sie zusammen ausgeritten waren und in dem Li jeden Weg kannte. Sie sehnte sich nach ihrer alten Schule, in die sie vier Jahre lang gegangen war, wo alle den gleichen Dialekt sprachen wie sie und keiner sich über sie lustig machte, und nach ihrer besten Freundin Ulli. Am allermeisten vermißte sie Ulli.

„Mama, wo ist Robbie?“ rief Gine, sobald sie den Hausflur betrat. Ihre Mutter kam die Treppe herunter und rieb sich die Augen, als hätte sie geschlafen. Gine wußte, daß sie den ganzen Nachmittag lang am Webstuhl gesessen hatte.

„Ich hab Hunger!“ verkündete Li. „Was gibt's zu essen?“

„Ich hab ihm zwei Schlaftabletten gegeben. Es ging ihm so schlecht, und dann ist er oben in meinem Zimmer eingeschlafen“, erwiderte die Mutter auf Gines Frage. „Jetzt liegt er auf dem Teppich und schnarcht. – Bist du schon zu Hause, Li? Ich glaube, ich hab das Essen ganz vergessen...“

Sie machte ein hilfloses Gesicht und sah Gine bittend an.

„Aber Mama!“ sagten die Schwestern im Chor – Li, weil sie Hunger hatte, Gine, weil sie jetzt nicht in der Lage war, sich in die Küche zu stellen und Essen zu kochen.

„Mama, Morena hat mich abgeworfen. Sie ist davongelaufen, und ich mußte vier Kilometer zu Fuß nach Hause gehen, und ich bin schmutzig und verschwitzt, sieh dir bloß meine Hose an! Ich muß einfach baden und mir die Haare waschen, ehe ich irgend etwas anderes tun kann!“

Li musterte Gines schmutzige Erscheinung, als hätte sie erst jetzt bemerkt, wie ihre Schwester aussah.

„Wir wollten doch in die Stadt fahren", sagte sie. „Du hast es mir versprochen."

„Hilf Mama beim Kochen, dann kommen wir schneller weg."

Am liebsten hätte Gine vorgeschlagen, daß sie an einem anderen Tag in die Stadt fahren sollten – aber das wäre bestimmt genauso schlimm gewesen, als hätte sie mit einem Stock in einem Wespennest herumgestochert, und das konnte sie im Augenblick am allerwenigsten ertragen.

„Ich muß Briefpapier kaufen", sagte Li. „Ich will einen Brief nach Hause schreiben. An Ulli."

Welch eine Reitschule!

Es gab Pfannkuchen, was Li wieder in bessere Laune versetzte. Sie liebte Pfannkuchen. Gine nahm ein heißes Bad. Sie merkte richtig, wie sich der Geruch von Pferdeschweiß im Dampf verflüchtigte. Das Aroma der Pfannkuchen vermischte sich mit dem Duft des Haarshampoos, und Gine fühlte sich bald wieder wie neugeboren.

„Vielleicht können wir bei der Reitschule vorbeifahren und uns mal das Pferdevolk hierzulande ansehen", schlug sie vor, während sie ihr langes Haar trocknete.

Und Li rief begeistert: „O ja, das machen wir!"

Kurze Zeit später rasten sie in einem Tempo die gewundene Bergstraße hinunter, das ihre Eltern bestimmt nicht geduldet hätten, wenn sie dabeigewesen wären. Gine hatte gerade noch den Führerschein gemacht, ehe sie umgezogen waren. Jetzt, da sie so abgeschieden auf dem Land wohnten, wollte sie das gut ausnützen.

Im Auto war es warm. Draußen jedoch war ein typischer Oktoberabend hereingebrochen – mit Zwielicht, leichtem Nebel und schlechter Sicht. Gine konzentrierte sich aufs Fahren, während Li nach einem passenden Tonband suchte, das sie auf der Fahrt zur Stadt abspielen konnte.

„Daß es erst vierzehn Tage her ist, seit wir diese Straße zum erstenmal hinaufgefahren sind!" sagte Gine. „Erinnerst du dich, wie uns da zumute war? Ich dachte, die Kurven würden nie ein Ende nehmen! Und neblig war es, viel schlimmer als heute abend... Daß Papa den Hof überhaupt gefunden hat!"

Li kicherte.

„Ich bin eingeklemmt auf dem Rücksitz gesessen, zwischen dir und Robbie und einem furchtbaren Durcheinander von Topfpflanzen, die Mama den Umzugsmännern nicht anvertrauen wollte. Auf dem Schoß hatte ich einen großen Kaktus, und hinter dem Kopf einen Topf Farnkraut, das mich dauernd im Nacken kitzelte. Eng war es auch!"

„Und dann, als wir durchs Gartentor fuhren und zum Haus kamen, da war alles stockfinster. Papa sperrte auf und versuchte Licht zu machen, und nichts geschah..."

Gine mußte lachen, als sie an ihren ersten Abend auf Norrlövsta dachte. Sie fuhr fort: „Und du warst stocksauer und hast gesagt: „Hier sollen wir wohnen?" Als wären wir in einer schrecklichen Räuberhöhle gelandet. Papa fluchte auf ‚diese Småländer', denn im ganzen Haus gab es keine einzige Glühbirne mehr. Die Stimmung war nicht gerade rosig."

Li unterbrach sie verdrießlich. „Und die blöden Umzugsmänner hatten unseren Fernseher ganz hinten ins Wohnzimmer gestellt und alle anderen Möbel drumherum. Das ganze große Zimmer voller Möbel und Packkisten und Zeug vom Boden bis zur Decke! So hab ich meinen Freitagskrimi versäumt."

„Aber Li, wenn man gerade in ein gemütliches altes Haus auf dem Land gezogen ist, setzt man sich doch nicht gleich als erstes vor den Fernseher – es ist doch viel spannender, sich das Haus anzusehen!"

„Wieso spannend?"

Lis Laune hatte sich wieder verschlechtert. „Das Haus kann man sich doch noch lange genug ansehen. Falls wir überhaupt für alle Ewigkeit hier wohnen sollen."

„Du hast jedenfalls ein eigenes Zimmer, freust du dich nicht darüber?"

Das gab Li widerwillig zu. „Ja, das ist der einzige Vorteil an Norrlövsta. Ich brauche wenigstens nicht mehr mein Zimmer mit dir zu teilen."

„Und ich nicht mir dir. Jetzt nimmt mir wenigstens keiner mehr meine Pullover und T-Shirts weg."

Li kicherte. „Sei bloß nicht so sicher. In dein Zimmer finde ich schon noch hinauf..."

Gine bog auf den vom Nebel feuchten, glänzenden Asphalt der Landstraße ab. Nun lagen die Feldwege hinter ihnen; sie konnten auf gerader Straße in die Stadt fahren. Sie gab Gas. Es machte Spaß, Auto zu fahren, wenn die Eltern nicht dabei waren. Li redete ihr wenigstens nicht dazwischen. Sie kümmerte sich nicht darum, wie Gine fuhr. Wenn Gine den Führerschein hatte, dann konnte sie auch fahren – so einfach war das für Li. Gine war froh darüber. Sie haßte es, wenn Leute neben ihr saßen und ihr sagten wie sie fahren sollte.

„Weißt du noch, wie scheußlich die erste Nacht auf Norrlövsta war?“ sagte Li plötzlich. „Du hast auf der Matratze bei mir im Zimmer geschlafen, weil ich mich nicht allein zu bleiben traute, obwohl Papas und Mamas Schlafzimmer direkt nebenan ist. Wir hörten die ganze Zeit komische Geräusche... Es raschelte und knarrte, und ein Zweig scharrte im Wind über die Fensterscheibe. Aber wir wußten nicht, was es war, sondern dachten, in allen Ecken wären Mäuse und Ratten.“

„Ein paar kleine Waldmäuse sind wohl im Haus“, meinte Gine. „Du, da fällt mir ein, daß wir Rattenfallen kaufen müssen. Papa hat gesagt, er hätte sie vergessen.“

Sie gingen in ein Kaufhaus, das abends geöffnet hatte, und Li kaufte Briefpapier mit Pferdeköpfen darauf. Gine suchte nach Rattenfallen, fand jedoch keine.

„Dann mußt du eben jemanden fragen“, sagte Li ungeduldig. „Damit wir endlich zur Reitschule kommen.“

Gine ging auf zwei Verkäufer in grünen Mänteln zu, die sich gerade unterhielten.

„Verzeihung“, sagte sie vorsichtig. Doch die beiden redeten einfach weiter und kümmerten sich nicht um sie.

„Ach, ich suche noch ein bißchen weiter“, sagte Gine zu ihrer Schwester.

„Feigling!“ sagte Li. „Du bist wirklich unmöglich, das kannst du glauben!“

Sie ging zu den beiden Verkäufern, klopfte dem einen auf den Rücken und sagte, ohne sich lange mit höflichen Redensarten aufzuhalten: „Sagen Sie mal, wo gibt’s hier Rattenfallen!“

Auf diese Weise bekamen sie endlich die leidigen Fallen und

konnten zur Reitschule weiterfahren. Gine wußte, wo sie lag. Sie hatte die Straße im Telefonbuch nachgeschlagen und dann im Stadtplan nachgesehen. Die Stadt war sehr klein. Es war leicht zu finden.

Sie war voller Erwartung. Wie Li vermißte auch sie ihre alte Reitschule und dachte, es müßte schön sein, einem neuen Reitclub beizutreten. Mit klopfendem Herzen bog sie in die erleuchtete Einfahrt zur Reitanlage ein.

„Hilfe!“ ächzte Li und starrte aus der Windschutzscheibe. „Soll das die Reitschule sein?“

Gine wußte, was sie meinte. Da gab es einen asphaltierten Parkplatz, zwei Reithallen, zwei lange Stallgebäude und die Umrisse weiterer Gebäude im Hintergrund. Und überall leuchtete es in der Dunkelheit, aus allen Fenstern und von den Straßenlampen vom Parkplatz, wo eine Menge Autos standen. Dazwischen waren auch mehrere Personenwagen mit Anhängern und ein paar Lastautos, auf denen *Pferdetransport* stand.

„Das ist doch etwas ganz anderes als unser alter Schuppen von Reitschule mit dem verrotteten Stall“, sagte Gine.

„Von unserem schäbigen Parkplatz ganz abgesehen.“

Sie spürte plötzlich heftige Sehnsucht nach der vertrauten alten Reitschule und beobachtete die moderne Anlage voller Mißtrauen. Alles sah so unfreundlich und abweisend aus wie eine Fabrik.

„Herrje, so was Vornehmes!“ stieß Li hervor, die sich wieder ein bißchen gefangen hatte. „Wie die Leute hier wohl sein mögen? Wahrscheinlich lauter ekelhafte Snobs, die man nicht ausstehen kann.“

„Ach, pferdenärrische Leute sind überall gleich“, sagte Gine in leichtem Ton. Insgeheim fragte sie sich jedoch, wie es hier wohl werden würde. Sie freundete sich nicht so leicht mit fremden

Menschen an, und in größerer Gesellschaft war sie meist still und zurückhaltend. Doch für Li würde es sicher nicht schwierig sein, Anschluß zu finden.

Sie fanden eine Tür und standen auf dem Flur zwischen Reithalle und Stall – eine der Reithallen und einer der Ställe, dachte Gine. Sie überlegte, ob sie sich hier wohl eines Tages ebenso zu Hause fühlen würde wie in ihrer alten Reitschule in Bruksviken. Im Augenblick erschien ihr das jedenfalls nicht sehr wahrscheinlich.

Sie hatten gerade die Pause zwischen zwei Reitstunden erwischt. Die Tür zur Halle stand offen, etwa zehn Reitschulpferde standen auf der Mittellinie. Die Schüler, die eben geritten waren, standen daneben und hielten ihre Pferde am Zügel; neue Schüler strömten herbei. Alles wirkte ruhig und sympathisch. Die Pferde waren wohlgenährt und gepflegt. Es schien eine gute Reitschule zu sein, die ordentlich geführt wurde.

Ein kleines Mädchen mit riesengroßer Reitkappe auf dem Kopf führte ein hochbeiniges braunes Pferd mit einer Blesse aus der Halle. Das Pferd sollte offenbar in der folgenden Unterrichtsstunde nicht mehr eingesetzt werden. Die Kleine sah sich hilflos um, dann fiel ihr Blick auf Gine und Li.

„Kannst du mir helfen, Cäsar abzusatteln?“ fragte sie und sah Gine bittend an. „Ich reiche nicht hinauf, weißt du.“

„Klar kann ich das“, erwiderte Gine freundlich. Sie und Li folgten Cäsar in den Stall. Hier gab es zwei Reihen von Boxen und dazwischen eine Stallgasse. Der warme Geruch von Pferden schlug ihnen entgegen. Ein Pferd lag auf dem Boden und ruhte sich aus. Die meisten Boxen waren leer.

Es war ein freundlicher Stall, der Gine sofort gefiel. Sie löste den Sattelgurt und redete dabei leise mit dem alten Cäsar.

„Wer ist hier Reitlehrer?“ fragte sie und übergab dem kleinen

Mädchen den Sattel, das unter dem Gewicht fast zusammenbrach.

„Eigentlich ist es Gerhard, aber er gibt heute in der anderen Reithalle Springunterricht. Deshalb haben wir Eva. Sie ist prima", erklärte die Kleine und zog mit Sattel und Trense ab.

Gine überzeugte sich, daß das Halfter richtig saß, und streichelte Cäsar.

Li zog sie am Ärmel. „Komm jetzt!" sagte sie ungeduldig. „Wir sehen mal beim Springen zu."

Sie irrten eine Weile herum, ehe sie auf die Cafeteria stießen, die im ersten Stock war und an beiden Seiten hohe Fenster hatte. Hier konnte man Erfrischungen zu sich nehmen und gleichzeitig das Springen beobachten, das in der neuen Halle stattfand. Auf der anderen Seite konnte man sich die Reitstunden in der alten Halle ansehen.

„Phantastisch!" sagte Gine.

„Hast du Geld?" fragte Li.

„Es reicht gerade, daß ich nicht betteln muß", erwiderte Gine trocken. „Also gut, was möchtest du haben?"

„Eine Cola und ein Hörnchen und zwei Clementinen und ein Erdbeereis..."

Sie gingen zur Selbstbedienungstheke. Gine bestellte für sich eine Tasse Tee und ein belegtes Brot.

Hier oben schienen sich alle zu treffen. Die Leute drängten sich an den Fenstern und sahen dem Springtraining zu. Einige trugen Reitkleidung. Jeder schien jeden zu kennen. Natürlich wurde vor allem über Pferde gesprochen; man tauschte Bemerkungen über den Unterricht aus. Keiner achtete auf Gine und Li, als sie sich mit ihren Tabletts an einen Tisch setzten. Nur zwei kleine Jungen in Jeans und zu großen Reitstiefeln standen da, starrten sie an und flüsterten.

„Hier möchte ich gern mit Pirat beim Springen mitmachen", sagte Li sehnsüchtig. „Er würde mühelos über die Hindernisse springen."

„Ja, vielleicht", erwiderte Gine langsam. „Er springt gern. Aber er ist zu alt, das weißt du. Er ist in seinem Leben schon genug gesprungen."

„Ich weiß schon. Trotzdem ist er prima. Kann ich nicht Pirat von dir kriegen, jetzt, wo du Morena hast? Eigentlich ist's doch ungerecht, daß du zwei Pferde hast und ich keines."

Li mit ihren Einfällen! Als hätte es irgendeinen Unterschied gemacht, ob Pirat ihr oder Li gehörte... Gine hätte ihn hundertmal verschenken können, und er wäre trotzdem immer ihr Pferd geblieben. Das, was sie und Pirat verband, konnte man nicht weggeben. Aber wenn es Li glücklicher machte, wenn sie sich dadurch ein bißchen weniger nach Norrland zurücksehnte, dann...

„Du kannst ihn schon haben", sagte Gine in ganz normalem Ton, so als hätte Li sie um eine Tafel Schokolade gebeten.

Ihre Schwester starrte sie nur an; sie verschluckte sich an der Cola und begann zu husten, bis ihr die Tränen in die Augen traten.

„Du spinnst ja! Ich glaub dir nicht. Du machst bloß Spaß."

„Nein, wieso? Du reitest ihn ja jetzt sowieso die meiste Zeit", sagte Gine ruhig. „Obwohl du Angst vor ihm hast."

„Ich habe keine Angst, ihn zu reiten", erwiderte Li ärgerlich. „Er ist schon so oft mit mir durchgegangen und hat gebockt – da hab ich mich auch nicht gefürchtet."

„Aber wenn er in der Box die Ohren anlegt und auf dich zugeht, dann läufst du aus dem Stall", erinnerte sie Gine.

„Ja, aber es ist doch ein Unterschied, ob er dir gehört oder mir! Jetzt, wo er mir gehört, werde ich nie wieder Angst vor ihm haben."

Lis dunkle Augen funkelten. Gine verstand sie. Natürlich ist es ein großer Unterschied, ob man das alte Pony seiner Schwester reitet oder sein eigenes – selbst wenn es das gleiche Pferd ist!

„Vielen Dank!" sagte Li feierlich.

Dann saßen sie eine Weile ganz still da, bis Li es nicht länger aushielt. „Mann, was ich Ulli für einen Brief schreiben werde! Und warte bloß, bis sie es in der Schule erfahren! In meiner Klasse sind schon zwei, die ein eigenes Pferd haben. Und du, kann ich nicht alle deine alten Preisrosetten kriegen und sie in meinem Zimmer aufhängen..."

Li plapperte glücklich weiter. Wenn sie sich freute, war sie so liebenswert, und Gine merkte, daß mehrere Leute in ihre Richtung sahen. Ein Mädchen in Lis Alter kam und stellte sich ganz in der Nähe ihres Tisches ans Fenster. Sie trug Reitkleidung und sah erhitzt und zerzaust aus, als wäre sie gerade geritten – ihre Wangen glühten. Sie trug das blonde Haar zu einem Pferdeschwanz zusammengebunden. Voller Interesse sah sie auf die Springlektion in der Halle hinunter, wo ein kleiner Schimmel Schwierigkeiten mit einer Reihe von Holzstößen hatte.

„*Mein* Pferd würde das schaffen!" sagte Li halblaut, aber noch laut genug, daß das Mädchen in Reitkleidung sie hören konnte. „Stimmt's, Gine?"

„Was für ein Pferd hast du?" fragte das Mädchen.

Li erwiderte, ohne mit der Wimper zu zucken: „Ein Connemarapony. Pirat heißt er. Und was hast du für ein Pferd?"

Gine mußte sich beherrschen, um nicht wild loszukichern, als sie daran dachte, daß ihre Schwester vor fünf Minuten noch kein eigenes Pferd besessen hatte.

„Einen Schecken. Er ist eine Kreuzung. Habt ihr mich nicht springen sehen? Oder besser gesagt, wir haben versucht zu springen, aber er weicht dauernd seitlich aus. Tut das dein Pferd nicht?"

Gine wartete gespannt auf die Antwort ihrer Schwester. Li hatte auf Pirat noch nie an einem Wettkampf teilgenommen, hatte noch nicht einmal solche Übungen hinter sich, wie sie hier durchgeführt wurden. Sie war nur ab und zu im Freien über Hindernisse gesprungen. Niedrige Hindernisse.

Doch Li tat so, als hätte sie die Frage nicht gehört. „Kann ich mir dein Pony nicht mal ansehen?" fragte sie. „Steht es hier irgendwo im Stall?"

Das Gesicht des Mädchens leuchtete auf. Natürlich wollte sie ihr Pony gern zeigen.

„Ich will mir nur zuerst noch rasch etwas zu trinken kaufen. Ich sterbe vor Durst. Komm!"

Li folgte ihr und rief Gine im Weggehen zu: „Ich geh mal in den Stall hinunter!" Dann war sie verschwunden.

Sie wird sich hier viel rascher einleben als ich, dachte Gine. Aber in ihrem Alter ist das auch noch leichter. Wenn ich jetzt einfach zu jemanden hingehen und sagen würde: „Kann ich mir mal Ihr Pferd ansehen?", würde mich jeder für verrückt halten.

Die Springlektion war vorüber. Gine sah in die Halle hinunter, wo die Reiter nacheinander ihre verschwitzten Pferde hinausführten. Flüchtig dachte sie, daß in diesem Reitclub ungewöhnlich viele Jungen zu sein schienen.

Langsam stand sie auf und ging mit einer Menge anderer Leute die Treppe hinunter. Irgendwie war es ein merkwürdiges Gefühl, mitten unter so vielen Pferdeliebhabern zu sein und keinen einzigen davon zu kennen. In der Reitschule zu Hause hatte Gine alles und jeden gekannt.

„Kommst du noch auf einen Sprung mit zu Eva nach Hause?" hörte sie jemanden sagen, der hinter ihr die Treppe hinunterging. „Gerhard und Cecilia und die anderen kommen auch. Wir müssen ja noch über die Wettkämpfe und das Jagdreiten reden."

Gine widerstand dem Wunsch, sich umzudrehen. Die Frage galt ja nicht ihr. Natürlich war es lächerlich und albern, aber plötzlich fühlte sie sich sehr einsam und ausgeschlossen.

Vor der Anschlagstafel beim Büro blieb sie stehen. In diesem Reitclub war wirklich eine Menge los. Das Schwarze Brett hing voller Zettel. Da gab es am letzten Samstag im Oktober eine Hubertusjagd. Dann hing da eine Funktionärsliste für die nationalen Springturniere im November und ein Aufruf zur Anmeldung für das vorweihnachtliche Clubspringen.

Gine wußte nicht, was sie überkam. Doch ehe sie es sich anders überlegen konnte, griff sie schon nach dem stumpfen Bleistift, der an einer Schnur hing, und trug sich in die Liste für die Hubertusjagd ein, in der Reihe der Privatpferde. Gine Nyberg – Morena. So, jetzt war sie auch mit dabei!

Sie fühlte sich plötzlich viel besser. Sie war schon einmal auf Morena bei einer Jagd mitgeritten. Letztes Jahr, zu Hause; damals hatte sie Morena erst zwei Wochen besessen. Ein unbekanntes Pferd auf bekanntem Gelände. Diesmal würde es umgekehrt sein: ein bekanntes Pferd auf unbekanntem Gelände. Sie fragte sich, was von beidem ungünstiger war. Vermutlich war es schlimmer, wenn man das Pferd nicht kannte.

Mit einemmal wurde sie richtig aufgeregt. Ihre Wangen glühten und bildeten einen hübschen Kontrast zu den rotbraunen Haaren, die sich lockten, wie immer bei regnerischem Wetter. Unversehens hatte Gine das Gefühl, daß jemand sie beobachtete. Sie wandte sich um.

Ein blonder Junge mit dunkelbrauner Lederjacke stand in ihrer Nähe und sah sie mit ruhigen blaugrauen Augen an. Unter seinem kühlen, forschenden Blick errötete sie leicht.

„Wir brauchen Leute für die Bahn“, sagte er. „Wann kannst du kommen und uns helfen?“

Gine war halb belustigt, halb verärgert darüber, daß er überhaupt nicht gefragt hatte, ob sie helfen wollte, sondern einfach nur, wann. Er zeigte ihr, wo sie sich auf der Funktionärsliste eintragen konnte. Sie hatte früher schon beim Aufbau der Hindernisse geholfen – aber natürlich nie bei Nationalturnieren. Es konnte schön werden, viel schöner, als nur auf der Tribüne zu sitzen und sich ausgeschlossen zu fühlen. Also trug sie ihren Namen ein und kreuzte alle Klassen für Samstag und Sonntag an.

„Prima!“ Er musterte sie mit der Andeutung eines Lächelns. „Willst du dich nicht auch fürs Clubspringen eintragen, wenn du schon mal dabei bist?“

Gine bekam das Gefühl, daß er sie ein bißchen aufzog – nicht so sehr ihretwegen, sondern weil es seine Gewohnheit war, andere aufzuziehen. Ob ihr das gefiel oder nicht, konnte sie nicht sagen.

„Das traue ich mich nicht“, sagte sie kurz. „Beim letzten Sprung bin ich mit meinem Pferd gestürzt. Beinahe wäre ich unters Pferd geraten. Sie hat Angst vor dem Triplebar. Wir sind mitten in einem gelandet. Außerdem kann ich mich fürs Springen eigentlich nicht so begeistern.“

Sie hörte selbst, wie kläglich das klang. Warum zum Teufel erzählte sie ihm das? Gerade ihm, der sich doch offenbar so gern über andere lustig machte? Und es auf ihr Pferd zu schieben... dabei war sie doch selbst feige gewesen! Bei einer Jagd brauchte man nur mitzureiten, wenn die anderen vorausgaloppierten – doch wieder springen? Sie wußte, daß sie es tun mußte, aber sie hatte es immer wieder vor sich hergeschoben. Gine konnte nicht vergessen, wie es gewesen war, mitten ins Hindernis zu stürzen, mit Balken rund um sich her. Hinterher hatte sie erst richtig

Angst bekommen. Mit Pirat war es so einfach gewesen. Doch Morena brauchte viel Unterstützung vom Reiter. Wenn Gine etwas falsch machte, ging alles schief. Und so war sie unsicher geworden. Dabei haßte sie es, sich so feige zu fühlen.

„John, kommst du endlich?"

Ein Mädchen in Gines Alter stand in der Tür, blond, das Haar zu einem dicken Knoten zusammengebunden, mit hübschem, offenem, sommersprossigem Gesicht.

Gine sah dem Jungen nach, der John hieß, als er in den dunklen Herbstabend hinausging. John... Das erinnerte sie ein wenig an England, an den vergangenen Sommer. Plötzlich war ihr kalt und unbehaglich. Sie fröstelte. Eine eigenartige Unruhe überkam sie. Rasch nahm sie den Bleistift und schrieb ihren Namen zum drittenmal in die Liste auf dem Schwarzen Brett.

Große Pläne

Als Gine und Li abends von der Reitschule nach Hause kamen, lag Robbie auf seinem Stammplatz im Flur. Er öffnete müde die Augen und klopfte matt mit dem Schwanz auf den Boden. Doch er stand nicht auf wie sonst und lief zur Begrüßung um sie herum.

Gine konnte sich kaum mehr an die Zeit erinnern, ehe Robbie

zu ihnen kam. Es kam ihr vor, als wäre er immer dagewesen. Doch nun war nicht mehr viel von dem einst so springlebendigen Hund übriggeblieben – er war ein alter Schäferhund mit einem Hüftgelenkleiden. Gine bückte sich und streichelte ihn. Ganze Büschel von Hundehaaren wirbelten auf. Robbie seufzte tief. Er ließ sich nur zu gern streicheln und kraulen.

Morgen muß ich staubsaugen, beschloß Gine und schob alle anderen Gedanken von sich.

Später an diesem Abend, nachdem die Pferde ihr Abendfutter bekommen und die ganze Familie noch einen kleinen Imbiß in der Küche eingenommen hatte, zog sich Gine auf ihr Zimmer zurück. Sie war die einzige, die ihr Schlafzimmer im ersten Stock hatte, und sie genoß es, ganz für sich zu sein. Ihr Zimmer war so hübsch: mit brauner Holzvertäfelung an den Wänden und einem Sprossenfenster mit sechs kleinen Scheiben im Giebel des Hauses. Von dort aus konnte man auf den Stall hinuntersehen und die Pferdekoppel mit den zwei riesigen Ahornbäumen überblicken.

Sie hatte ihren geliebten Schreibtisch ans Fenster gestellt. Dort saß sie gern und beobachtete, wie der Wind die Äste und Zweige der alten Bäume bewegte. Rechts von der Koppel war die Anhöhe mit den bemoosten alten Fliederbüschen. Alles war alt auf Norrlövsta – auch das Haus war schon vor mehr als zweihundert Jahren erbaut worden, ein typisch schwedisches Bauernhaus aus rotgestrichenem Holz, mit weißen Hausecken und niedrigem Dach. Es war ein Haus voller Überraschungen, viel geräumiger, als man von draußen ahnen konnte. Vier Zimmer und eine Küche im Erdgeschoß und drei Räume im ersten Stock, wenn man die leere Halle zwischen Gines Zimmer und dem Arbeitszimmer ihrer Mutter mitrechnete.

Heute habe ich nichts Nützliches getan, dachte Gine. Und der

Schreibblock am Fenster kam ihr richtig anklagend vor... Niemand wußte von ihrem Vorhaben, von dem, womit sie sich beschäftigte – abgesehen von ihrer Familie natürlich. Und Li hatte strenge Anweisung erhalten, keinem gegenüber auch nur ein Sterbenswörtchen zu verraten – falls sie das überhaupt fertigbrachte.

Gine schrieb ein Buch über Pirat. Oder besser gesagt: Gine hatte sich entschlossen, daß sie versuchen wollte, ein Buch über Pirat zu schreiben. Sie hatte mit ihren Eltern darüber gesprochen, hatte gefragt, ob sie ein Jahr lang zu Hause bleiben und schreiben durfte. Ein Jahr zwischen Gymnasium und Universität. Eigentlich hätte sie ja schon mit dem Studium anfangen müssen – Englisch und Literaturgeschichte –, aber sie hatte die Schule und den geregelten Tagesablauf so satt, hatte es satt, nie etwas selbst entscheiden zu können.

Sie wollte von Pirat erzählen, der im Stall so mürrisch war, aber vergnügt und munter wurde, sobald er ins Freie kam. Was für ein wunderbares Springpferd er war, an welch aufregenden Wettkämpfen er teilgenommen hatte, wie gut er sie verstand, und wie leid es ihr tat, daß sie im letzten Jahr einfach zu groß für ihn geworden war. Sie wollte von Pirat erzählen, seinen zottigen Ohren, seinem geschmeidigen Galopp, alles...

Doch es war nicht so einfach. Letzte Woche hatte Gine angefangen, nachdem sie auf Norrlövsta das schlimmste Durcheinander des Umzugs bewältigt hatten. Letzte Woche..., und sie feilte noch immer am ersten Kapitel. Langsam begann sie zu verzweifeln. Es wird sich schon einspielen, dachte sie. Aber nicht heute abend. Morgen setz ich mich hin und schreibe weiter.

Es gab noch einen anderen Grund, weshalb sie dieses Buch schreiben wollte. Sie wollte nicht nur erzählen, was Pirat und sie in diesen acht Jahren erlebt hatten. Es gab noch eine andere, ganz persönliche Sache, von der nicht einmal ihre Mutter etwas wußte.

Für gewöhnlich konnte Gine mit ihrer Mutter über fast alles reden – aber darüber nicht. Sie hatte überhaupt noch mit keinem Menschen darüber gesprochen. Sie konnte es nur für sich behalten, tief im Herzen, und hoffen, daß es aufhören würde, weh zu tun, daß es irgenwann einmal vorübergehen würde. England..., der Sommer im letzten Jahr. Sie mochte jetzt nicht daran denken.

Gine zwang sich, an etwas anderes zu denken. Dieses blonde Mädchen – ob sie Johns Freundin war? John war eigentlich ein netter Name. Er selbst war ja auch nett. Gine mochte seine Augen, diesen festen blaugrauen Blick. Jungen, dachte sie plötzlich zornig, sie können mir alle gestohlen bleiben! Außerdem war dieses hübsche blonde Mädchen sicher seine Freundin gewesen. Ob sie wohl gut reiten konnte? Sie war bestimmt eine dieser perfekten Reiterinnen mit einem phantastischen Pferd, die jedes mittelschwere Springreiten mit Leichtigkeit gewinnen. Kein Feigling wie sie, Gine.

Gines düstere Überlegungen wurden von einem lauten Schrei unterbrochen, und sie hörte tappende Schritte die Treppe hinaufeilen. Li stürmte in ihr Zimmer, ohne anzuklopfen. Sie trug ein hellblaues Baumwollnachthemd und sah mit ihren dünnen Beinen richtig klein und verängstigt aus.

„In meinem Zimmer ist eine Spinne! Tu sie weg!"

Gine verbiß sich das Lachen. Li war sonst unheimlich mutig und draufgängerisch, doch vor Spinnen und Käfern hatte sie eine Heidenangst.

„Kannst du sie denn nicht selbst hinausbefördern – so eine kleine Spinne?" sagte Gine.

Schneider-Buch

Großes SchneiderBuch-Preisrätsel

Jeden Monat 400 Bücher zu gewinnen

Lieber SchneiderBuch-Leser!

Schicke mir diese Karte mit der richtigen Lösung und du nimmst an der nächsten monatlichen Verlosung teil. 400 SchneiderBücher werden jeden Monat verlost!

Viel Glück! Und hier die Preisfrage:

Welcher SchneiderBuch-Titel gehört zu dem hier gezeigten Bild?

Dein SchneiderBuch

☐ Tina Caspari
Bille und Zottel Bd. 11
Sensation in der Manege
DM 7,95 (Best.-Nr. 8393)

Zottel hört Zirkusmusik und trabt in die Manege. Die Privatvorstellung beginnt!

☐ Andrea Pabel
Außerdem ist Frühling
DM 8,95 (Best.-Nr. 9062)

Bettina liebt ihren Araberhengst Massai über alles, doch das Pferd soll verkauft werden.

☐ Ursula Isbel
Reiterhof Dreililien Bd. 4
Der Sommer im Tal
DM 7,95 (Best.-Nr. 8969)

Mich durchzuckt es eiskalt: Das kann nur der Pferdehändler sein! Ich muß sofort etwas tun, daß meinem Fohlen nichts geschieht.

☐ Tina Caspari
Bille und Zottel Bd. 12
Frühling, Freunde, freche Fohlen
DM 7,95 (Best.-Nr. 8394)

Das rot-weiß gescheckte Pony Zottel liebt besonders Süßigkeiten und so mampft es genüßlich die üppig verzierte Festtagstorte . . .

Preisänderung der Bücher vorbehalten!

P 1

„Du weißt doch ganz genau, daß ich das nicht kann! Ich geh nicht in mein Zimmer, wenn da so eine eklige fette Spinne sitzt!"

„Also gut, ich komme. Ich wollte sowieso gerade hinuntergehen und mir die Zähne putzen."

Li ging mit ihr die Treppe hinunter. Auf der Türschwelle zu ihrem Zimmer blieb sie vorsichtig stehen.

„Da!" Sie deutete mit zitterndem Finger auf die Bettdecke. „Sie hat sich von der Zimmerdecke heruntergelassen und ist beinahe auf mir gelandet!"

„Hast du ein Vergrößerungsglas benützt?" fragte Gine trocken und ließ die kleine Spinne auf ihre Hand kriechen. Dann öffnete sie das Fenster und warf sie hinaus. „So, bitte. Bist du jetzt zufrieden?"

„Danke! Weißt du, was Gabriella gesagt hat?" erwiderte Li in einem Atemzug und vergaß die Spinne im gleichen Augenblick, in dem sie aus dem Zimmer verschwunden war.

„Welche Gabriella?"

„Die mit Apache."

„Aha. Und wer ist Apache?"

„Der Schimmel in der Reitschule. Der beim Springtraining dabei war."

„Ach so, dann weiß ich es ja genau!" sagte Gine belustigt. „Was sagt Gabriella?"

„Ja, sie macht einmal in der Woche bei der Voltigiergruppe mit, und sie sagt, daß man davon doppelt so gut beim Reiten wird, weil man lernt, das Gleichgewicht zu halten. Und man darf ohne Sattel galoppieren und steht während des Galopps auf, ohne sich festzuhalten – und ich will da auch mitmachen."

„Da mußt du wohl Papa und Mama fragen, weil sie es schließlich bezahlen."

„Aber es kostet ja nichts, weil sie im Frühjahr eine Vorstellung geben wollen! Und da brauchen sie Leute, die mitmachen und üben."

„Das klingt ja gar nicht schlecht. Ich kann dich vielleicht zur Reitschule fahren, wenn uns Papa das Auto leiht. Aber geh jetzt ins Bett, du mußt morgen in die Schule."

„Pah, hör auf, du redest genau wie Mama!"

Li schnitt ihr eine Grimasse und sprang ins Bett. „Ich lese noch ein bißchen vor dem Einschlafen. Danke, daß du die Spinne hinausbefördert hast. Gute Nacht!"

„Gute Nacht."

Gine ließ die Tür halb offen. Das Schlafzimmer ihrer Eltern war direkt nebenan, und auch ihre Tür stand nur angelehnt.

Manchmal ist sie wirklich noch das reinste Baby, meine kleine Schwester, dachte Gine, als sie vorsichtig über Robbie stieg, der mitten im Flur ausgestreckt lag. Sie ging wieder die Treppe hinauf. Jetzt war es still im Haus. Die Nacht senkte sich über Norrlövsta. Draußen pfiff und heulte der Wind um die Hausekken. Sicher würden sie hier auf dem Hügel schwere Herbststürme erleben. Gine liebte den Wind. Man fühlte sich doppelt geborgen und gemütlich im Haus, wenn es draußen stürmte.

Leise schlich sie über den Holzboden in der kleinen Halle. Hier wäre Platz für einen offenen Kamin, dachte sie, mit einem schönen Holzfeuer, davor einen alten Ledersessel und die Wände voller Bücher und Pferdebilder.

An diesem Abend fiel es Gine schwer, einzuschlafen. So vieles ging ihr durch den Sinn – so viel Neues erwartete sie. Die Hubertusjagd, das Clubspringen... Doch das wichtigste war erst einmal, daß sie es schaffte, ihr Buch zu schreiben. Das Buch über Pirat. Und vielleicht kamen ihr in diesem Herbst sogar Ideen für eine neue Geschichte.

Am nächsten Morgen ging Gine noch vor dem Frühstück in den Stall und fütterte die Pferde. Ihre Mutter stand im Morgenrock auf dem Flur und sah ihr verwundert entgegen, als sie mit roten Backen und windzerzausten Haaren zurückkam und ihre schmutzigen Stiefel auszog.

„Bist du heute aber schon munter! Ist was Besonderes los?"

„Ja, heute fange ich ein neues Leben an!" sagte Gine dramatisch, während sie in die Küche gingen. „Jetzt ist's vorbei mit dem Schlendrian. Ich muß vernünftig werden und meine Zeit einteilen."

„Du spinnst ja, daß du freiwillig so früh aufstehst", meinte Li. „Puh, wenn ich bloß nicht in diese blöde Schule müßte!"

„Ach, ich mache doch nur Spaß", erwiderte Gine. „Wenigstens ein bißchen. Aber ich muß richtig mit Morena trainieren, viel mit ihr galoppieren und so. Und das kann ich nicht, wenn Pirat..."

„Als ob Pirat da nicht mithalten könnte!" schrie Li dazwischen. „Er hängt dich und Morena noch allemal ab!"

„Sei doch still und laß mich ausreden", sagte Gine ungeduldig. „Natürlich kann Pirat mithalten. Aber es gibt keinen Grund, mit einem so alten Pferd wie ihm so hart zu trainieren. Er soll es auf seine alten Tage schön und ruhig haben, mit gerade so viel Bewegung, wie er braucht. Deshalb hab ich mir vorgenommen, morgens mit Morena auszureiten, tagsüber zu schreiben und später noch einmal zu reiten – ein bißchen gemütlicher, mit dir und Pirat zusammen, wenn du von der Schule zurück bist. Außerdem fängt es sowieso schon an, dunkel zu werden, bis wir loskommen; deshalb wird es wohl mehr ein Spazierritt als ein richtiges Training werden."

„Spazierritt!" protestierte Li. „Wir sind doch schließlich keine alten Tanten!"

„Um diese Jahreszeit bleibt einem wohl kaum etwas anderes übrig", sagte Gine. „Aber wenn der Schnee kommt, wird es wieder besser, dann ist's abends länger hell."

„Falls es in Småland überhaupt schneit", sagte Li mürrisch. Morgens war sie selten guter Laune.

„Ich wollte, wir könnten die Pferde mal mit in den Reitstall nehmen", meinte Gine mit einem Seufzer. „Aber wir haben ja keinen Pferdeanhänger. Und es ist wohl zu weit, um hinzureiten."

Ihr Vater sah von seiner Kaffeetasse auf. „Wenn ich du wäre", sagte er, „würde ich mir eine Karte von dieser Gegend kaufen. So eine Wanderkarte, weißt du. Es gibt sicher alte Wege und Stege quer durch den Wald zur Stadt. Vielleicht findest du eine gute Abkürzung, was meinst du?"

„Das ist wirklich eine prima Idee, das versuche ich mal. Ich muß ja auch am Wochenende irgendwie zur Hubertusjagd kommen."

„Linde", sagte ihre Mutter zerstreut, „wenn du mit dem Frühstück fertig bist, putz dir noch rasch die Zähne. Papa muß gleich losfahren, und du darfst den Schulbus nicht versäumen."

„Ich will nicht Linde genannt werden, hab ich gesagt!" kreischte Li. Sie lief ins Badezimmer und knallte die Tür hinter sich zu.

„Dieses Kind!" sagte Papa. „Es ist, als würde man auf einem Pulverfaß sitzen. Dauernd geht sie in die Luft. Ich verstehe gar nicht, woher sie das hat."

Als Vater und Li abgefahren waren, wurde es ruhiger im

Haus. Gine und ihre Mutter spülten gemeinsam das Frühstücksgeschirr und saugten dann in der Küche und im Flur Staub.

„Ich weiß schon genau, wie mein Wandbehang werden soll", sagte Gines Mutter glücklich. „Und ich hab eine herrliche rotlila Wolle für die Fliederdolden gefunden. Das wird sicher wunderschön aussehen zu dem moosgrauen alten Gezweig."

„Ich wollte, ich wüßte auch schon so genau, wie mein Buch werden soll", erwiderte Gine düster. „Ich weiß zwar, worüber ich schreiben möchte, aber das Problem ist, daß ich immer alles auf einmal erzählen will, jetzt, sofort. Dann gibt's ein totales Durcheinander, und ich bleibe dauernd stecken und komme nicht weiter."

„Ich könnte nie ein Buch schreiben!" sagte ihre Mutter ehrlich. „Ich muß mich in Farben und Bildern ausdrücken. Aber wie wär's, wenn du noch mal von vorn anfangen würdest? Überlege mal, wie es war, ehe du Pirat bekommen hast, und wie es in den ersten Jahren ging, ehe du angefangen hast, bei den Wettkämpfen Erfolg zu haben. Erinnerst du dich daran?"

Gine kicherte.

„Beim ersten Clubwettkampf, an dem ich teilgenommen habe, sind wir dreimal über die Hindernisse gesprungen! Pirat wollte gar nicht wieder aufhören, und die Zuschauer haben geschrien vor Lachen. Ich hab mich richtig geschämt. Aber rührend war es. Der gute Pirat!"

„Dann schreib doch darüber! Beschreibe, wie du dich als kleines und schwaches Mädchen auf einem großen, starken Pony gefühlt hast, das einfach tat, was es wollte – nicht, was *du* wolltest!"

„Ach, Mama, ich glaube, jetzt weiß ich es! Ich fange wirklich noch mal von vorn an und überlege mir jedes Kapitel genau, ehe ich es in Angriff nehme. Dann schreibe ich von den lustigen und unangenehmen Ereignissen, so wie sie gewesen sind. Ich werde mir heute alles noch mal überlegen, während ich reite. Aber zuerst muß ich mal Morenas Trense reparieren."

Li und Pirat

Ein wenig merkte man es Morena an, daß sie am Vortag so viel galoppiert war. Sie war etwas ruhiger als sonst, zumindest anfangs. Doch das stürmische Wetter machte sie unruhig, und bald war sie wieder wie stets, sprang und stürmte vorwärts, warf sich sofort zur Seite, wenn ihr etwas gefährlich erschien, und ging nur unter großen Schwierigkeiten im Schritt.

Gine ritt heute in eine andere Richtung, am Haus vorbei, durch das Tor und den Hügel hinunter. Sie trug eine alte Cordsamthose, denn die Reithose lag nach dem gestrigen Ausflug in der Waschmaschine. Unter der militärgrünen Windjacke trug sie ein Polohemd und einen dicken Wollpullover.

Wohin man auch immer ritt, man mußte zuerst die Abhänge hinunter und auf dem Heimweg wieder hinauf. Morena hatte bereits eine recht gute Kondition – man sah es an ihrem runden Hinterteil und den starken Muskeln. Eigentlich war sie ein feines Pferd, und diese Ritte über die Hügel taten ihr bestimmt noch zusätzlich gut.

Gine dachte an alles, was sie sich für die nächste Zeit vorgenommen hatte. Zuerst mußte sie eine einigermaßen ebene Wiese für die Bodenarbeit finden. Dann wollte sie irgendwo ein paar Hindernisse aufbauen, um für den Clubwettkampf zu üben. Bald würde der Boden gefroren sein; dann wurde er zu hart zum Springen. Morena war schnell und wendig wie ein Pony, und sie sprang gern – wenn nur die Hindernisse nicht zu hoch waren. Das war ja eben das alte Problem...

Am Fuß des Hügels lag ein Bauernhof mit einem alten Wohnhaus, das hellgelb gestrichen war, einer kleinen Scheune und einigen Nebengebäuden. Das war ihr nächster Nachbar. Dort hielt auch morgens der Schulbus und wartete auf Li. Es gab hier vieles, wovor Pferde scheuen konnten, wenn sie in der entsprechenden Laune waren: eine Plane, die im Wind flatterte, eine Fahne, die schwer gegen die Fahnenstange vor dem Haus schlug, einen äußerst gefährlichen roten Traktor vor der Garage. Gine mußte sich ganz darauf konzentrieren, Morena zu zügeln, damit sie nicht plötzlich losstürmte und in dem Stacheldraht landete, der die Kuhweiden zu beiden Seiten des schmalen Kieswegs eingrenzte.

Ein leichter Galopp täte ihr gut, dachte Gine und sprach beruhigend auf ihr Pferd ein. Morena mußte ihre überschüssige Energie loswerden.

Ehe man die Straße erreichte, die zur Stadt führte, konnte man auf einen schmalen, aber recht geraden Weg abbiegen, der nur aus zwei Radspuren mit einem Mittelstreifen aus Gras bestand. Hier fuhr nur noch ab und zu jemand mit dem Traktor. Es war ein ausgezeichneter Weg, wenn man mit einem nervösen Pferd galoppieren wollte.

Wenn sie mich bloß nicht abwirft! dachte Gine, als Morena vor Ungeduld und Eifer, endlich loszukommen, tänzelte und zur Seite ausbrach. Wenn sie sich so aufführt, komme ich schon fast nicht mehr mit ihr zurecht.

Gine bekam ein bißchen Angst, so allein im Wald. Es wußte ja keiner, wohin sie geritten war. Wenn sie jetzt unglücklich stürzte...

„Nein, jetzt nimm dich aber zusammen, Gine Nyberg!" sagte sie streng zu sich selbst. Sie zügelte Morena, ließ sie ein paar Schritte rückwärts gehen und dann ruhig Galopp fassen. So klappte es meistens. Morena fiel in einen schönen, gleichmäßigen Galopp.

Gine konnte aufatmen. Wenn der Galopp gut begann, war für gewöhnlich auch alles andere kein Problem mehr. Morena war in Ordnung; man mußte eben nur aufpassen, daß sie nicht immer gleich so aufgeregt wurde.

Es wurde ein langer, schöner Galopp durch den Wald, genau das, was die Stute brauchte. Dann ging sie eine Weile am langen Zügel. Sie streckte den Hals und schnaubte. Gine saß im Sattel und dachte über ihr Buch nach; sie versuchte Ordnung in ihre Gedanken über Pirat zu bringen.

Auf dem Heimweg kletterten sie einen steilen Pfad durch ein Stück Tannenwald hinauf und erreichten die Anhöhe bei der Fichtenschonung. Dort führte der Weg gleichmäßig und gerade durch altes Ackerland. Gine überlegte, daß dies eine gute Stelle war, um Hindernisse aufzubauen. Sie wollte einmal mit Li hierherreiten, dann konnten sie das zusammen machen. Nächstes Wochenende vielleicht – aber nein, nächstes Wochenende war ja Hubertusjagd...

Morena würde zur Jagd in guter Form sein. Vielleicht ein bißchen zu gut, dachte Gine – sie wird wahrscheinlich mit mir durchgehen. Wenn ich sie nun nicht halten kann? Daß nur der Stute nichts geschah!

Gine war zufrieden, als sie den Stall erreichten. Es war ein herrlicher Ausritt gewesen. Morenas Hals war naß von Schweiß. Sie hatte sich ein bißchen anstrengen müssen, war lange galoppiert, statt einfach wild davonzustürmen, und war dann das letzte Stück nach Hause noch bergauf gegangen.

Den Rest des Tages verbrachte Gine am Schreibtisch. Sie versuchte nun nicht mehr, an dem widerspenstigen ersten Kapitel weiterzuschreiben, sondern machte sich genaue Stichpunkte für jedes Kapitel, das sie in Angriff nehmen wollte. Dann stellte sie einen Zeitplan auf. Sie wollte täglich so viele Seiten schaffen, daß das Buch noch vor Weihnachten fertig wurde. Anschließend wollte sie alles auf der Schreibmaschine abtippen, das Manuskript an einen Verlag schicken und dann alles vergessen, einfach ausspannen und ihr erstes Weihnachtsfest auf Norrlövsta genießen.

Als Li gegen vier Uhr von der Schule nach Hause kam, gingen die Schwestern sofort in den Stall, ehe die Dunkelheit hereinbrach. Li holte den Sack mit dem Putzzeug aus der Box, die später zur Sattelkammer werden sollte. Dann setzte sie ihr mutigstes Gesicht auf und öffnete die Tür zu Pirats Box.

Pirat legte die Ohren an. Vorsichtig trat Li in die Box. Sie nahm eine Wurzelbürste aus dem Sack und streckte die Hand mit der Bürste nach Pirats Hals aus. Pirat wandte den Kopf und schnappte nach ihr.

„Ach, du bist ein Ekel!“ schrie Li. Und Tränen der Enttäuschung liefen ihr über die Wangen. „Du bist das blödeste Pferd auf der ganzen Welt! Ich hasse dich!“

Sie stürzte aus der Box, knallte die Boxtür hinter sich zu, schleuderte die Bürste auf den Boden der Stallgasse, warf sich ins Heu, das in der leeren Box lag, und heulte los.

Gine versuchte sie zu trösten. „Er meint’s doch nicht so. Er ist bloß ein bißchen schlecht gelaunt. Ein mürrischer alter Kerl. Komm, ich helfe dir."

Li schluchzte. „Er haßt mich. Dir würde er bestimmt nie etwas tun. Zu dir ist er immer nett!"

„Er haßt niemanden. Aber du weißt ja, daß er sich stark fühlt, wenn er merkt, daß jemand Angst vor ihm hat. In der Reitschule zu Hause sind so viele Kinder herumgelaufen – das hat ihn aufgeregt. Er mag keine Kinder. Sie haben ihn zu oft geärgert!"

„Aber mich kennt er doch!" Li nahm den Vorfall als persönliche Beleidigung. „Ich bin doch keins von den Reitschulkindern. Zu mir könnte er doch freundlich sein."

„Komm, wisch dir jetzt die Tränen ab, dann legen wir ihm das Halfter an und binden ihn fest, während du ihn striegelst."

Pirat spitzte die Ohren und warf einen sanften Blick auf Gine, als sie mit dem Halfter in seine Box kam. Er sah sehr unschuldig aus.

„Jetzt benimmst du dich aber mal anständig, du Dummkopf!" schimpfte Gine. „Sei nett zu Li, hast du verstanden?"

„Da siehst du's", quengelte Li. „Er mag bloß mich nicht!"

„Es wird bestimmt besser, wenn du dich nicht mehr so von ihm einschüchtern läßt, wart's nur ab. Er weiß genau, wann er die Oberhand hat."

Als die Mädchen endlich mit den Pferden aus dem Stall kamen und eine Weile geritten waren, besserte sich Lis Laune wieder. Es war frisch und windig draußen, und die Pferde waren lebhaft und vergnügt. Mit hoch erhobenen Köpfen trabten sie nebeneinander her.

„Ich wollte dir noch zeigen, wo wir gestern gestürzt sind", sagte Gine. „Aber vor Einbruch der Dunkelheit schaffen wir's nicht mehr. Dafür habe ich einen wunderschönen alten Waldpfad entdeckt, auf dem wir galoppieren können. Halt dich hinter mir oder bleib schlimmstenfalls neben mir, aber galoppiere nicht voraus, sonst dreht Morena durch."

Im Schritt ritten sie einen Hügel hinunter und bogen nach rechts auf einen Feldweg zwischen zwei Schafsweiden ab. Der Zaun zog sich an beiden Seiten des Weges dahin, so weit das Auge reichte.

„Jetzt einen ruhigen, friedlichen Galopp!" rief Gine. „Bist du soweit?"

Morena wollte sofort losstürmen, und Gine hatte Schwierigkeiten, sie zurückzuhalten. Es dauerte nicht lange, bis Pirat sich auf gleiche Höhe mit ihnen herangekämpft hatte. Eine Weile galoppierten sie nebeneinander her. Li machte ein entschlossenes Gesicht. Sie hatte sich vorgenommen, Pirat nicht einfach nach seinem Willen davongaloppieren zu lassen.

Die Pferde wurden immer schneller; jedes von ihnen wollte die Führung übernehmen. Bald merkte Gine, daß es nicht mehr lange dauern würde, bis sie die Kontrolle über Morena verlor.

„Wir verringern das Tempo!" schrie sie Li zu und zügelte ihr Pferd.

Li lachte glücklich. „Besonders friedlich ist's ja nicht geworden", sagte sie. „Aber Pirat ist einfach wunderbar!" Sie beugte sich vor und klopfte ihm liebevoll den Hals. „Du bist ein großartiges Galopppferd, weißt du das? Das großartigste Pferd, das es gibt!"

„Wenigstens im Freien", schränkte Gine ein.

Die Dämmerung war schon herabgesunken. Den ganzen Heimweg legten die Pferde im Schrittempo zurück.

„Prima, wie du den Galopp mit Pirat geschafft hast!" lobte Gine ihre Schwester. „Kannst du dich an letztes Jahr erinnern? Da ist er beim Galopp immer mit dir durchgegangen."

„Letztes Jahr!" sagte Li verächtlich. „Da war ich zehn..."

Die ganze Woche vor der Hubertusjagd trainierte Gine mit Morena und erforschte die neue Umgebung. Sie kaufte die Landkarte, die der Vater ihr empfohlen hatte, und rechnete aus, daß es ungefähr eineinhalb Stunden dauern würde, um zum Reitclub zu reiten.

Pirat war noch immer recht mürrisch, wenn Li zu ihm in die Box kam. Li nahm es widerwillig hin, daß Gine ihn anbinden mußte, damit ihre kleine Schwester ihn striegeln und satteln konnte. Die Ausritte dagegen waren herrlich, und hinterher saßen die Schwestern meistens noch zusammen in der Küche, tranken heiße Schokolade und unterhielten sich.

Eines Abends fuhren sie wieder zur Reitschule, ließen sich Mitgliedsausweise für den Club ausstellen und erkundigten sich, wie das Jagdreiten genau ablaufen sollte. Gerhard, der Leiter des Reitclubs, versprach Gine, daß sie schon am Freitag mit Morena kommen und sie über Nacht im Stall der Reitschule einstellen durfte. Die Hubertusjagd sollte am Samstag um zehn Uhr beginnen. Anschließend konnte Morena noch eine weitere Nacht im Stall bleiben.

Gine fand, daß sich alles wunderbar und wie von selbst regelte. Nun brauchte sie sich nicht eigens um einen Transport in die Stadt zu kümmern. Sie konnte in aller Ruhe am Freitag losreiten, am Samstag an der Jagd teilnehmen und am Sonntag mit Morena wieder nach Norrlövsta zurückkehren. Das würde ein aufregendes Wochenende werden!

Die Hubertusjagd

Gine genoß ihren Ritt in die Stadt sehr. Sie hatte vorgehabt, den ganzen Weg im Schrittempo zurückzulegen, doch Morena wurde unruhig, sobald sie die Umgebung nicht mehr kannte. Deshalb trabten sie eine lange Strecke.

Es war leicht, sich mit Hilfe der Karte zurechtzufinden, die Gine zusammengefaltet in ihre Jackentasche gesteckt hatte. Sie ritten einen alten Waldweg entlang. Zu beiden Seiten war dichter, ansteigender Fichtenwald. Es war ein richtiger Märchenwald mit großen, moosbewachsenen Findlingen, die aussahen, als wären sie von einem Riesen über die Berge gerollt worden. Ab und zu teilte sich der Wald und gab den Blick auf einen kleinen Bauernhof frei, umgeben von Wiesen und Feldern. Småland ist wirklich schön, dachte Gine glücklich.

Morena durfte in einer Box im Reitstall stehen, und Li rannte am Samstagmorgen zwischen allen Reitern herum und kam sich sehr wichtig vor, als sie bei den letzten Vorbereitungen half.

„Der arme Pirat muß das ganze Wochenende allein zu Hause sein", sagte sie und wischte mit einem Tuch über Morenas Rücken. „Wenn er bloß an der Jagd teilnehmen könnte!"

„Er würde mit dir durchgehen", sagte Gine, „und seine Beine überanstrengen. Du würdest wahrscheinlich während der ganzen Jagd auf gleicher Höhe mit dem Master galoppieren und uns für alle Ewigkeit unsterblich blamieren."

„Sei bloß vorsichtig", zog Li sie auf, „sonst reitest am Ende noch du auf gleicher Höhe mit dem Master..."

„Ganz bestimmt nicht! Ich halte mich im Hintergrund. Ich hab keine Lust, mich schon gleich hervorzutun!“

Gine sattelte Morena mit großer Sorgfalt. Den Sattel hatte sie vergangenes Jahr gekauft, er sah noch immer neu aus. Er war aus schwarzem Leder, mit schwarzem Wildleder am Knie.

Morena ließ sich willig das Gebiß anlegen und begann sofort rastlos darauf herumzukauen. Sie war nervös und konnte nicht stillstehen. Gine kontrollierte ein letztes Mal, ob die Stollen an den Hufen auch richtig saßen.

„Wie sehe ich aus? Sind meine Haare zerzaust?“

Gine zupfte an ihrer schwarzen Reitjacke und überlegte düster, daß die Ärmel langsam zu kurz wurden. Auch in der Taille war die Jacke zu eng. Sie hatte sie schon sehr lange.

„Die kriege ich!“ bettelte Li. „Sie ist dir ja schon zu klein.“

„Du kannst sie später mal probieren. Kann ich mich jetzt so sehenlassen?“

Li warf einen raschen, prüfenden Blick auf ihre große Schwester.

„Ja, ja“, rief sie ungeduldig. „Darf ich Morena jetzt hinausführen?“

„In Ordnung. Ich gehe noch schnell auf die Toilette. Bring sie zu den anderen Pferden, aber sieh zu, daß sie nicht zu nahe bei den anderen steht. Und paß um Himmels willen auf, daß sie sich nicht losreißt!“

„Ach, ich bin doch kein Schwachkopf!“ sagte Li beleidigt.

Auf dem Parkplatz standen viele Wagen mit Anhängern. Aus der ganzen Umgebung hatte man Pferde hergebracht. Natürlich nahmen viele der Reitschulpferde an der Jagd teil, doch auch Privatpferde konnten mitmachen. Etwa vierzig bis fünfzig Pferde waren auf der großen Wiese in der Nähe des Stalles versammelt, als die Jagd beginnen sollte.

Gine war noch nie zuvor mit so vielen anderen ausgeritten.

Das Gedränge war groß, und alle wirkten nervös und gereizt. Gine schauderte bei dem Gedanken, Morena könnte mitten in diesem Durcheinander von Reitern und Pferden plötzlich in vollem Galopp davonstürmen.

Natürlich wurde Morena von Minute zu Minute aufgeregter. Gine ritt am Rand der Wiese auf und ab. Dabei sah sie sich neugierig um. Ein reizbares fuchsfarbenes Pony lief rückwärts direkt in eine Gruppe großer Pferde hinein, was natürlich ein gewaltiges Durcheinander verursachte. Ein goldbraunes Pony sah Pirat so ähnlich, daß Gine zweimal hinsehen mußte. Und wenn Morena nicht so schwer zu bändigen gewesen wäre, wäre sie gern hingeritten, um herauszufinden, aus welcher Zucht es stammte.

Die Reitschüler sahen genau wie überall aus – mit Gummireitstiefeln und Steppjacken. Sonst ging es jedoch recht elegant zu, und Gine war froh, daß sie ihre schwarze Reitjacke angezogen hatte. Sie trug auch graue Handschuhe, aber nicht wegen der Eleganz. Sie wußte nur zu gut, wie sehr man es in den Fingern spürt, wenn man auf einem Pferd sitzt, das immer schneller und noch schneller galoppieren will – ein Pferd wie Morena, die nicht so leicht zu bremsen war.

Anfangs hatte Gine keinen der Reiter erkannt. Doch nun merkte sie, daß der Master, der auf einem eleganten hochbeinigen Schimmel an die Spitze ritt, der Leiter der Reitschule war, Gerhard. Er sagte etwas zu zwei Reitern mit roten Röcken, worauf jeder von ihnen seinen Platz an einer Seite des Feldes einnahm. Das waren die Piköre, die die Jagdgesellschaft seitlich begrenzen sollten. Gine vermutete, daß die beiden Piköre besonders erfolgreiche Springreiter des Clubs waren. Ihre Pferde, beide braun und mit englischem Haarschnitt, schienen in Höchstform zu sein.

Dann war plötzlich alles in Bewegung. Gine atmete die kalte, klare Herbstluft ein und sah auf das lange, goldgelbe Stoppelfeld, das vor ihnen lag. Das erste Stück wurde in raschem Trab zurückgelegt. Einige der Ponys galoppierten bereits. Mitten im Gewühl erkannte Gine den Schecken Apache mit Lis neugewonnener Freundin Gabriella auf dem Rücken.

Der Master erhöhte das Tempo, und bald galoppierten alle. Schon näherten sie sich dem ersten Hindernis, einer breiten Steeplechase-Hecke, über die mehrere zur gleichen Zeit springen konnten. Gine ritt neben einem älteren Herrn mit scharfgeschnittenem Profil, der auf dem dicksten Pferd saß, das sie je gesehen hatte. Links von ihr war ein Junge im dunkelblauen Husarenrock, der ihr überraschend bekannt vorkam – John! Er ritt einen trägen Schimmel, den er kräftig auf das erste Hindernis zutreiben mußte.

Gine zügelte ihr Pferd leicht, damit es nicht so unkontrolliert schnell ging. Morena war jedoch anderer Ansicht: je schneller, desto besser, fand sie.

Gine fühlte sich mit einemmal ganz dazugehörig, als sie zusammen mit den anderen über das Hindernis sprang. John hatte ihr ein rasches Lächeln des Wiedererkennens geschenkt; sein fester, graublauer Blick hatte sich sekundenlang mit dem ihren gekreuzt. Es war nicht viel..., und doch wurde ihr plötzlich warm ums Herz. Sie verstand es nicht, sie kannte John ja kaum. Trotzdem – es war ein Gefühl von Zusammengehörigkeit, das sie sich vielleicht nur einbildete.

Nach dem ersten Hindernis ging die Jagd weiter, in einer großen Kurve zurück zu den Zuschauern beim Reitstall. Gerhard hatte von Anfang an ein ziemlich hohes Tempo vorgelegt, und Gine fragte sich, wie sie das die ganze Jagd lang durchhalten sollte. Morena war nur mit Mühe zu bändigen.

Als die Jagdgesellschaft in donnerndem Galopp an den Zuschauern vorüberraste, hätte Gine beinahe die Gewalt über ihr Pferd verloren. Aus den Augenwinkeln sah sie Li in einer Ecke stehen; dann ritten alle auf eine alte Steinmauer zu. Über dieses Hindernis hätte sie Morena wohl kaum jemals gebracht, wenn sie allein geritten wären. Jetzt aber sah die Stute kaum hin und flog auch schon mit Leichtigkeit darüber. Sie sprang weich und war so leicht zu leiten, daß Gine den Ritt zu genießen begann. So rasch galoppierten sie sonst nie. Die Geschwindigkeit trieb ihr die Tränen in die Augen. Wenn sie Morena nur halten konnte!

Sie befanden sich ungefähr in der Mitte der Jagdgesellschaft, als auf einem kleinen Abhang ein Hindernis aus Birkenstämmen auftauchte. Nach dem Sprung stieß Morena fast mit den anderen Pferden zusammen. Der Master hatte die Jagd angehalten. Ein fuchsfarbenes Pony lief mit schleifenden Zügeln und ohne Reiter umher.

Gine benützte die Pause, um Atem zu holen und die Finger zu strecken. Morenas Hals war bereits dunkel vor Schweiß.

Dem Reiter des fuchsfarbenen Ponys war nichts geschehen. Er war nur ein paarmal im Gras herumgerollt und schwang sich rasch wieder in den Sattel. Die Jagd ging weiter auf weichen Pfaden durch Waldesdickicht. Alle ritten in einer langen Reihe hintereinander. Die Hindernisse waren leicht zu bewältigen. Morena aber schien alles viel zu langweilig und lahm zu finden, denn sie wollte auf und davon.

Gine kam es vor, als wären ihre Arme doppelt so lang wie sonst, als sie nach einem raschen Galopp am Ende eines Feldes zu einem Bauernhof kamen und dann eine Dorfstraße erreichten. Endlich Schrittpause!

Gine ließ Morena am langen Zügel gehen und streichelte ihren schweißnassen Hals. Eigentlich ist sie ein wunderbares Pferd,

4 9007-8

dachte sie, gut zu reiten, voller Temperament, gesund und mit starken Beinen – und draufgängerisch! Gine hatte ganz vergessen, wie ängstlich sie am Anfang des Rittes gewesen war. Jetzt fand sie es schön, unter so vielen anderen zu reiten. Man galoppierte, als könnte einem nichts geschehen...

Es war fast wie in einem Traum, versuchte sie ihrer Schwester später zu erklären. Und das Schönste war: Morena vertraute ihr!

Während sie im Schrittempo ritten, sah Gine sich um. An der Spitze war Gerhard auf seinem Schimmel. Er unterhielt sich gerade lachend mit einem der rotberockten Piköre. Der andere Pikör war nirgends zu entdecken, das merkte Gine erst jetzt.

Sie wandte sich um. Auch hinter ihr war er nirgends. Doch irgendwo in der langen Reihe bemerkte sie John. Er ritt neben einem anderen jungen Mann, der ebenfalls Husarenuniform trug. Die beiden sahen hübsch aus, fand Gine. Es war wie ein Hauch aus längst vergangener Zeit. Irgendwie schienen die Smäländer ein sehr erdverbundenes Volk zu sein, das seine alten Bräuche liebte und lebendig erhielt.

Wieder erreichten sie ein freies Feld. Die Schrittpause war vorüber, und Gine hatte keine Zeit mehr, über das Geheimnis des verschwundenen Pikörs nachzudenken. Sie schaffte es gerade noch, die Zügel fester zu fassen, als es schon wieder losging.

Gine merkte, daß sie während der Pause ein bißchen steif geworden war – der lange Galopp machte sich in den Knien bemerkbar! Doch jetzt hieß es mithalten.

Der Endspurt ging über ein langgestrecktes Feld, das an den Acker grenzte, auf dem das Jagdreiten begonnen hatte. Sie ritten in weitem Bogen aus dem Wald, und alle Pferde und Reiter stellten sich in einer Linie auf. Dann hob der Master die Hand.

Die jungen Ponyreiter stießen Freudenschreie aus, und schon donnerte der Boden unter dem Anprall von zweihundert Hufen. Die Pferde stürmten vorwärts.

So schnell war Gine noch nie in ihrem Leben geritten. Jetzt ließ sie Morena endlich laufen, so rasch sie nur wollte. Erde und Grasbüschel wirbelten durch die Luft. Da war es besser, nicht hinter den anderen herzureiten...

Morena war unter den ersten, doch Gine merkte, daß sie viel zu weit von der Mitte des Feldes entfernt ritten, um den Fuchsschwanz zu erwischen. Sie beobachtete zwei Reiter, die in rasender Geschwindigkeit dahingaloppierten und etwa zur gleichen Zeit die Hände nach dem Fuchsschwanz ausstreckten, der an einem Gestell in der Mitte des Feldes hing. Beide schafften es nicht, ihn zu fassen!

Die Reiter, die unmittelbar hinterherritten, konnten gar nicht so schnell begreifen, was geschehen war – sie ritten einfach vorbei! Am Ende der Reihe kam in gemächlichem Galopp und mit schaukelndem Bauch das dicke Pferd daher. Es keuchte nicht besonders, denn es hatte sich die ganze Zeit nicht überanstrengt. Es war leicht für seinen Reiter, den Fuchsschwanz an sich zu reißen. Ein höchst unerwarteter Sieger war aus der Jagd hervorgegangen!

Am Rand des Feldes gelang es Gine endlich, Morena zu zügeln. Sie machte kehrt und ritt zu den anderen zurück. Nun gingen alle Pferde am langen Zügel zum Stall zurück. Morena dampfte vor Schweiß.

Sie schwitzt bestimmt am stärksten von allen Pferden, dachte Gine, aber am erschöpftesten ist sie nicht! Eigentlich kam ihr Morena überhaupt nicht sehr müde vor.

Beim Reitstall standen ein paar Frauen aus der Elterngruppe der Reitervereinigung und verteilten Fichtenzweige an alle, die an der Jagd teilgenommen hatten. Dann bekam jeder einen Becher voll Glühwein.

Gine schwang sich aus dem Sattel. Sie zog die Steigbügel hoch und schnallte den Sattelgurt um einige Löcher weiter. Wie alle anderen bekam sie einen heißen Plastikbecher in die Hand gedrückt. Sie versuchte, gleichzeitig zu trinken und Morena herumzuführen, die ihren verschwitzten Kopf dauernd an ihrem Ärmel reiben wollte. Alles war wunderbar gelaufen. Gine war zufrieden. Sie wünschte nur, sie hätte mit jemandem über die Jagd reden können.

Mein Fehler ist, daß ich es nicht schaffe, auf jemanden zuzugehen und einfach draufloszureden, dachte sie. Ich warte immer darauf, daß andere auf mich zukommen. Kein Wunder, daß ich allein herumlaufe.

Als Morenas Deckhaar etwas getrocknet war, brachte Gine sie in den Stall. Plötzlich merkte sie, daß sie todmüde war. Zum Glück tauchte Li auf, und sie versorgten Morena gemeinsam – sie rieben die Stute trocken, untersuchten Beine und Hufe, streichelten sie und ließen sie schließlich im Stall zurück, mit einer Decke auf dem Rücken und zufrieden an ihrem Heu kauend.

„Ich gehe heute abend zum Reiterfest!“ verkündete Li.

„Was, du? Ins Stadthotel? Erlauben dir die Eltern das?“

„Gabriella geht auch hin.“

„Sie ist älter als du.“

„Dreizehn. Ich werde schließlich bald zwölf.“

„Nächstes Jahr.“

„Ja, aber ich darf jedenfalls, wenn du mitkommst.“

Gine seufzte. Sie wollte gerade sagen, daß sie keine Lust hatte, Kindermädchen für eine freche kleine Schwester zu spielen, doch sie schwieg. Sie dachte, daß das vielleicht ungerecht gewesen wäre. Li hatte ihr schließlich mit Morena geholfen.

„Du brauchst keine Angst zu haben", sagte Li und grinste vergnügt, als hätte sie Gines Gedanken erraten. „Ich werde nicht an deinem Rockzipfel hängen. Gabriella und ich verbringen den Abend zusammen."

Das Fest

„Was willst du anziehen?"

Li stand in der Tür zu Gines Zimmer, mit eifrigem Gesicht und schon fertig angezogen. Sie trug eine großkarierte Hose und einen Pullover.

„Keine Ahnung."

Gine hatte ihren Kleiderschrank geöffnet und schob einen Kleiderbügel nach dem anderen zur Seite.

„Ich hab nichts anzuziehen", stellte sie fest. „So ist es immer. Der Schrank ist voll, und trotzdem ist nichts Passendes dabei. Ich muß wohl das Jeanskleid nehmen. Hübsch ist es ja mit den Rüschen, und man sieht auch nicht übertrieben zurechtgemacht damit aus. Es ist wirklich dumm, auf ein Fest zu gehen und nicht zu wissen, was die anderen anziehen werden. Ich nehme das Jeanskleid und die weinroten Schuhe. Und dann muß ich mal sehen, ob ich auch die weinroten Haarspangen finde... Willst du keinen Rock anziehen?“

„Einen *Rock*?“ Li starrte sie entgeistert an. „Nie im Leben, lieber sterbe ich! Die Hose hier ist doch echt stark – alle in meiner Klasse haben so eine, natürlich mit Ausnahme von Maria, aber die darf nicht selbst entscheiden, was sie anziehen will; ihre Mutter schreibt es ihr vor.“

Gine stellte sich vor den Spiegel und bürstete ihre langen dunklen Haare. Sie waren frisch gewaschen und noch ein bißchen feucht. Sie beschloß, einen Mittelscheitel zu ziehen, die Haare offen zu tragen und sie nur seitlich mit den roten Spangen zurückzustecken. Es war ein schönes Gefühl, einmal ohne den alltäglichen Zopf zu sein. Sie war stolz auf ihr schönes Haar.

Li kam und drängte sich neben sie vor den Spiegel. „Eigentlich sehen wir uns ziemlich ähnlich“, sagte sie. „Abgesehen von den Haaren natürlich. Ich hätte nie Geduld mit so langen Haaren.“

Sie stellte sich auf die Zehenspitzen und reckte sich. „Und bald bin ich so groß wie du“, fügte sie hoffnungsvoll hinzu. „Allerdings werde ich dann vielleicht auch zu groß für Pirat...“

„Die nächsten Jahre wohl noch nicht“, meinte Gine. „Und jetzt hör auf, mich zu schubsen, und laß mich in Ruhe, damit ich rechtzeitig fertig werde.“

Als sie mit dem Auto in die Stadt fuhren, wurde Gine sehr aufgeregt. Vielleicht würde es ein schönes Fest werden... Aber natürlich konnte es auch langweilig werden. Sie hatte schon beide Sorten von Reiterfesten erlebt. Es hing vor allem davon ab, welche Leute man traf...

„Hoffentlich gibt's was Gutes zu essen“, sagte Li. „Ich habe wahnsinnigen Hunger. Ob Gabriella wohl schon da ist?“

„Kannst du nicht wenigstens beim Essen neben mir sitzen?“ bat Gine. „Schließlich brauchst du ja nicht sofort zu verschwinden. Ich kenne doch noch niemanden.“

Sie parkten den Wagen direkt auf dem großen Platz, wo auch das Stadthotel war. So brauchten sie nur aus dem Auto zu steigen, ein paar Schritte über den Platz zu gehen, und schon waren sie am Ziel.

Bereits an der Tür schlug ihnen Feststimmung entgegen. Aus dem Restaurant kam Tanzmusik. Gine wurde nervös. Sie wäre am liebsten umgekehrt. Was hatte sie hier eigentlich zu suchen? Der weiche rote Teppichboden und die dunkle Holzverkleidung an den Wänden – das war eine ganz andere Welt, die mit Pferden und Ställen nichts zu tun hatte, eine Welt, in der sich Gine fremd fühlte.

„Komm jetzt!“ sagte Li mit ihrer üblichen Ungeduld. „Wir müssen in den ersten Stock hinauf.“

„Woher weißt du das?“

„Weil es auf dem Schild steht; da, direkt vor deiner Nase: *Fest des Reitclubs im ersten Stock.* Komm endlich!“

Als sie ihre Mäntel ausgezogen hatten und nach oben gegangen waren, ließ Gines Nervosität ein wenig nach, denn da stand eine lange Schlange von Leuten aus dem Reitclub vor dem Tisch mit den Salaten. Die Schwestern stellten sich ebenfalls an. Gine warf verstohlene Blicke auf die anderen. Sie hätte sich wegen der Kleidung keine Sorgen zu machen brauchen. Es war hier genau wie auf allen anderen Reiterfesten – manche kamen in langen Glitzerkleidern, andere trugen nur Jeans und Hemden oder Rock und Bluse. Jeder kam, wie es ihm gefiel.

Es war gut, so in der Schlange zu stehen, da merkte wenigstens niemand, wenn man allein war. Außerdem gab es Gine ein Gefühl der Sicherheit, sich in die gleiche Richtung zu bewegen wie eine Menge anderer Menschen und ein gemeinsames Ziel mit ihnen zu haben, nämlich die Schüsseln und Platten auf dem langen Tisch.

Ob ich wohl eines Tages all die Leute hier kennenlernen werde? überlegte sie und hielt nach einem bekannten Gesicht Ausschau. Nicht weit vor ihr stand Gerhard, der Reitlehrer, in der Schlange; ihn kannte sie zumindest schon ein bißchen. Er war groß und schien immer gut gelaunt zu sein. Gerade jetzt unterhielt er sich lachend mit einem anderen Mann, der Gine irgendwie bekannt vorkam, und schien sich königlich über etwas zu amüsieren.

„Das verflixte Pferd hat sich einfach in die Büsche geschlagen", sagte der junge Mann, mit dem Gerhard sprach, und grinste etwas beschämt. „Es hat einfach durchgedreht. Ich mußte auf einen Heuschober zureiten, um es endlich zum Halten zu bewegen. Dabei hab ich mit der Stute schon an mehreren Springturnieren teilgenommen. Das hätte ich diesem Pferd wirklich nie zugetraut!"

„Ja, als Pikör warst du nicht gerade besonders nützlich", zog ihn Gerhard auf. „Ihr seid mit einem derartigen Affenzahn verschwunden, daß ich dachte, ich würde euch nie wieder zu Gesicht bekommen!"

„Es blieb mir nichts anderes übrig, als anschließend langsam heimzureiten. Es hätte keinen Sinn gehabt, wenn ich versucht hätte, wieder mitzureiten. Sie hat einfach verrückt gespielt."

Nun tauchte ein zweiter junger Mann auf und stellte sich neben die beiden. Er grinste breit. „He, da ist ja unser Pikör! Hast du aber ein tolles Jagdpferd..."

„Ach, jetzt hört endlich auf damit! Es reicht langsam."

Endlich waren Gine und Li bis zum Büfett vorgedrungen. Sie luden ihre Teller voll und balancierten sie vorsichtig zu einem der langen Tische an der Wand. Der schöne altmodische Saal mit dem Stuck an der Decke und seinen hohen Fenstern begann sich immer mehr zu füllen, die Luft schwirrte von fröhlichem

Stimmengewirr.

Natürlich redeten alle über Pferde. Gine war froh darüber, daß sie Li bei sich hatte, Li, die unbekümmert über alles mögliche plauderte, während sie aßen. Sonst war es gerade an ihrem Tisch ziemlich ruhig. Bei ihnen saßen fast nur ältere, gesetzte Leute. Gine hatte den Eindruck, daß es an den anderen Tischen viel lustiger zuging.

Unbewußt hielt sie Ausschau nach John. Und gerade als die kleine Musikgruppe, die für diesen Abend vom Reiterverband engagiert worden war, zu spielen begann, sah sie ihn. Er saß mitten in der fröhlichen Runde um Gerhard, drei Tische entfernt. Er redete, lachte, war vergnügt, kannte alle.

„Da drüben ist Gabriella!“ stieß Li hervor. „Macht's dir etwas aus, wenn ich für eine Weile verschwinde?“

„Geh nur“, sagte Gine geistesabwesend. „Ich komme schon zurecht.“

Verstohlen sah sie zu John hinüber. Plötzlich trafen sich ihre Blicke über die Tische hinweg. Gines dunkle Augen und Johns graublaue. Seltsam, dachte Gine verwirrt. Es war, als gäbe es unsichtbare Fäden zwischen ihnen – sie hatte plötzlich das gleiche Gefühl von Zusammengehörigkeit wie in jenem kurzen Augenblick während der Jagd. Vielleicht ist er genauso einsam wie ich, dachte sie. Es ist, als würden wir zusammengehören, obwohl wir uns doch noch nicht einmal kennen.

Gerhard versetzte John einen Seitenstoß und sagte etwas, was Gine nicht hören konnte, und beide brachen in Gelächter aus. Im gleichen Moment erhob sich einer der älteren Herren an Gines Tisch und forderte sie zum Tanzen auf. Geistesabwesend stand sie auf, lächelte automatisch und begann mit ihm zu tanzen. Es war nicht gerade Discomusik, die hier gespielt wurde, aber zum Tanzen ging es. Gine dachte an John.

Ich bin wirklich ein Dummkopf, überlegte sie. Aber eines weiß ich: wenn er den ganzen Abend lang nicht mit mir tanzt, ist das ein Beweis dafür, daß ich mir alles nur einbilde..., und das sähe mir ähnlich! Außerdem ist es sowieso nicht wichtig. Ich komme auch allein klar, sagte sie sich mit plötzlichem Trotz.

„Hast du aber komisch ausgesehen, als du mit dem alten Onkel getanzt hast!“ kicherte Li kurze Zeit später, als sie zusammen mit Gabriella zum Tisch zurückgesaust kam – einer Gabriella, deren Haare wirr in alle Richtungen abstanden, genau wie im Reitstall.

„Hast du ein bißchen Geld? Ich muß mir etwas zu trinken kaufen, ich hab schrecklichen Durst!“ sagte Li.

„Bring mir auch etwas“, bat Gine. „Ich bleibe hier sitzen... falls ich nicht gerade mit einem Onkel auf der Tanzfläche herumhopse...“

Die Herren an Gines Tisch waren höflich. Sie tanzten mit allen Damen, die am Tisch saßen. Und Gine tanzte mit einem nach dem anderen. Sie lächelte und redete und erinnerte sich doch später nicht mehr, wovon sie gesprochen hatten. Auf der Tanzfläche war jetzt eine Menge los; die Band spielte immer raschere, temperamentvollere Stücke, und alle tanzten. Die Tanzfläche war wie ein wogendes Meer. Gine sah aus den Augenwinkeln, wie John von einem attraktiven Mädchen im modischen Overall zum Tanzen aufgefordert wurde.

Das kann man natürlich auch machen, dachte sie und fragte sich, ob sie dazu wohl den Mut aufgebracht hätte. Ihr Jeanskleid kam ihr plötzlich hoffnungslos altmodisch vor. Für das nächste Fest wollte sie sich etwas ganz Tolles kaufen.

Dann saß Gine eine Weile am Tisch und sah zu. Sie hatte eigentlich schon viel getanzt, wenn man bedachte, daß sie hier noch so gut wie unbekannt war. Das Overall-Mädchen war verschwunden. Auch John war nicht zu sehen. Li und Gabriella waren ebenfalls auf der Tanzfläche und hopsten ausgelassen herum. Gine trank langsam den letzten Schluck Grapefruitsaft aus, den sie im Glas hatte.

„Tanzen wir miteinander?"

Langsam sah sie auf und blickte in zwei lächelnde graublaue Augen. John. Ruhig und sicher stand er da, so selbstverständlich, als würden sie sich schon ewig kennen.

„Komm", sagte er leise und sah sie nur an. Sie stand auf, und er nahm ihre Hand in die seine, mit einem festen, zuverlässigen Griff, der ihr gefiel. Dann führte er sie durch das Gedränge zur Tanzfläche. Keiner von ihnen sagte etwas. Gine fragte sich, ob auch er die Spannung fühlte, die zwischen ihnen war.

Sie tanzten gut zusammen – schweigend und ziemlich eng. So, als wäre jedes Wort überflüssig, dachte Gine. Als verstünden wir einander ohne Worte. In der Pause nach dem ersten Tanz sagte Gine, während sie dastand und an seinem Arm lehnte: „Alle machen sich über den Pikör lustig, der auf der Jagd plötzlich verschwunden ist."

John lachte.

„Ach, du meinst Anders! Ja, er war der Witz des Tages. Dabei ist er in unserem Verein der beste Reiter. Sogar Gerhard fragt Anders manchmal um Rat, wenn er Probleme hat. Deshalb machen sich jetzt natürlich alle einen Spaß daraus, Anders aufzuziehen. Aber er ist ein netter Kerl. Er lacht bloß, obwohl ihm die Sache sicher peinlich ist."

Als sie wieder zu tanzen begannen, sagte John: „Ich hab dein Pferd auf der Jagd gesehen. Es scheint eine Menge Temperament zu haben."

Gine lachte. „Aber von dir und deinem Pferd hab ich nach dem ersten Hindernis nicht mehr viel zu sehen bekommen..."

John hob die Schultern. „Ach, das Pferd spinnt ein bißchen. Es gehört mir nicht, ich reite es für ein Mädchen, und es ist zu verkaufen. Ich muß es auf jedes Hindernis zutreiben. Es hat sich überhaupt nicht von den anderen mitreißen lassen." Er sah sie an. „Bist du allein hier?"

„Ich hab meine Schwester dabei", sagte Gine. „Die Kleine dort drüben, die gerade Disco-Königin spielt."

Eine Weile schwiegen sie.

„So hab ich's nicht gemeint", sagte John dann.

„Wie hast du's dann gemeint?"

„Na ja, Jungen und so."

„Keine Jungen", sagte Gine und schüttelte den Kopf.

„Übrigens bin ich gern allein."

Da lächelte er.

„Ich auch", sagte er nur. Dann redeten sie nicht mehr. Sie tanzten miteinander und hielten sich eng umfaßt.

Wenn ein Hund alt wird

Am nächsten Tag ritt Gine wieder heim nach Norrlövsta. Ihr Vater hatte sie vormittags mit dem Auto zum Reitstall gebracht, während Li noch schlief. Gine hatte einen Blick in die beiden leeren Reithallen geworfen und plötzlich eine unbändige Lust verspürt, wenigstens kurz mit Morena hier zu reiten. Doch dann war ihr eingefallen, daß es vielleicht zuviel für ihre Stute werden würde – sie mußte ja noch den langen Weg nach Hause reiten. Es war also wohl besser, das noch ein bißchen zu verschieben.

Der Ritt nach Norrlövsta war herrlich. Morena war schon seit langem nicht mehr so ruhig gewesen. Sie konnte am langen Zügel gehen, ohne gleich wegen jeder Kleinigkeit auszubrechen, ohne Bocksprünge und „Sperenzchen", wie sie es sonst tat.

Es war ein milder, etwas dunstiger Herbsttag. Die Bäume hatten ihr Laub abgeworfen, und von den leuchtenden Herbstfarben war nicht mehr viel übriggeblieben. Die Natur war in Schweigen und Stille versunken, als warte sie auf den unausweichlichen Winter. Nur das kahle Gezweig der Birken leuchtete rötlich, und die Stoppelfelder breiteten sich wie gelbe Teppiche am Waldrand aus, unterbrochen von schwarzen, frisch gepflügten Äckern.

Bei einem der Bauernhöfe standen drei Pferde auf einer nassen Wiese, die von Stacheldraht eingezäunt war. Es waren zwei nordschwedische Pferde und ein kleines, schwarzweißes Shetlandpony. Hier war der Weg schmal, begrenzt vom Wohnhaus und der Koppel. Zwei Jungen von fünf oder sechs Jahren spielten auf dem Hof. Der ältere der beiden sah unter seiner blonden Haarmähne hervor mit großen Augen zu Gine auf und vergaß sein Spiel.

„Wer bist du?" fragte er neugierig.

Gine war schon daran gewöhnt, daß Kinder angelaufen kamen, wenn sie spazierenritt. Doch in Norrland hatten sie immer nur gefragt: „Wie heißt dein Pferd?" oder „Darf ich es streicheln?" oder manchmal auch „Wie heißt du?", was etwas ganz anderes war als dieses erdverbundene „Wer bist du?" Gine fühlte sich ein bißchen wie Alice im Wunderland, als sie erwiderte: „Gine."

Der Kleine sah sie an, als hätte er eine erschöpfendere Auskunft erwartet. Deshalb fügte sie hinzu: „Gine auf Norrlövsta." Denn so sagten die Leute hier – der Name des Hofes, auf dem man lebte, war wichtiger als der Familienname. Es war fast, als hätten die Menschen in den kleinen Dörfern von Småland keine Nachnamen. Es reichte schon, wenn man sagte, auf welchem Hof man zu Hause war.

Gine fand plötzlich, daß es ihr gefiel, „Gine auf Norrlövsta" zu sein. Darüber dachte sie auf dem letzten Stück ihres Heimwegs nach. Vielleicht half ihr das auch, andere trübe Gedanken zu verdrängen.

Es gab etwas, das entschieden werden mußte. Man durfte es nicht länger hinauszögern. In gewisser Weise schien es besonders Gines Problem zu sein, obwohl es die ganze Familie betraf. Es ging um Robbie. Ihren Robbie, der nun zwölf Jahre alt war, der zu ihnen gehörte, seitdem er als tolpatschiger, acht Wochen alter kleiner Welpe zu ihnen gekommen war. Jetzt ging es ihm von Tag zu Tag schlechter. Man konnte ihn kaum noch dazu bringen, vor die Tür zu gehen. Die Schmerzmittel machten ihn müde und teilnahmslos, und er wollte nur noch schlafen. Wenn er aufstand und ging, war er unsicher, auf zitternden Hinterbeinen. Es war ein jammervolles Leben. Gine konnte es kaum ertragen, an Robbie zu denken.

An diesem Sonntag brachte sie beim Abendessen das Gespräch darauf.

„Hört mal", sagte sie leise und vorsichtig, „wir müssen irgend etwas wegen Robbie unternehmen."

Ihre Mutter sah sie unglücklich an.

„Du hast natürlich recht, aber es ist so schwer..."

Li hörte sofort zu essen auf. „Wie meinst du das?" fragte sie mit schriller Stimme, und ihre Augen wurden schwarz vor Angst. „Robbie muß bei uns bleiben!"

Papa sah plötzlich ganz alt aus.

„Ich rufe morgen den Tierarzt an", sagte er schwer.

„Dann ist Robbie nicht mehr da, wenn ich morgen von der Schule heimkomme!" schrie Li. Und sie fügte hinzu: „Ich wollte, wir wären nie an diesen scheußlichen Ort gezogen!"

Sie sprang so heftig auf, daß ihr Stuhl nach hinten kippte. Dann stürzte sie in ihr Zimmer und schlug die Tür hinter sich zu. Die anderen blieben stumm sitzen.

„Ich kann anrufen, Papa", sagte Gine schließlich. „Du bist ja sowieso tagsüber nicht zu Hause, wenn der Tierarzt kommt."

„Der arme alte Robbie", murmelte ihre Mutter. „Er war früher immer so munter und springlebendig. Ich spüre erst jetzt richtig, wie wir alle an ihm hängen."

Schweigend aßen sie fertig. Gine sah im Telefonbuch nach, welche Sprechzeiten der Tierarzt hatte. Man konnte morgens vor neun Uhr anrufen.

„Ich rufe morgen früh an", sagte sie.

„Danke", murmelte ihr Vater und umarmte sie ein bißchen unbeholfen. „Und jetzt geh in dein Zimmer und schlaf. Du bist sicher müde. Es war ein anstrengendes Wochenende für dich."

Ja, sie war müde – und doch konnte sie nicht schlafen. Sie dachte an alles mögliche. An Robbie, der nun zwölf Jahre lang gelebt hatte. Ein Hundeleben war so kurz. Ohne ihn würde nichts mehr so sein, wie es gewesen war. Sie mochte sich gar nicht vorstellen, wie leer das Haus ohne den Hund sein würde. Weinen konnte sie auch nicht, obwohl sie es gern getan hätte. Mit trockenen Augen lag Gine da und starrte in die Dunkelheit. Die Trauer um Robbie war wie ein Krampf im Magen; ihr wurde fast übel davon.

Als sie am nächsten Tag aufgestanden war, nahm sie das Telefon, ging damit ins Schlafzimmer ihrer Eltern und wählte die Nummer des Tierarztes. Doch als sie die letzte Zahl gewählt hatte, wurde sie von Panik ergriffen. Sie legte den Hörer rasch auf und rannte in den Flur hinaus, zu Robbie. Sie kniete nieder, legte die Arme um den alten Hund und weinte hemmungslos.

„Robbie, Robbie", schluchzte sie, und die Tränen tropften in sein Fell.

Ihre Mutter kam in den Flur. Gine sah, daß auch sie geweint hatte.

„Meine Kleine", sagte sie sanft, „willst du, daß ich anrufe?"

Gine ging ins Badezimmer und trocknete ihr Gesicht. „Ist schon gut", sagte sie. „Ich rufe an."

Wieder ging sie ins Schlafzimmer und wählte rasch die Nummer des Tierarztes. Dann holte sie tief Atem. Nur jetzt nicht weinen, dachte sie.

„Hier Dr. Blomgren", sagte eine Stimme.

„Guten Morgen, hier spricht Gine auf Norrlövsta. Wir haben einen alten Schäferhund, der..." Gine stockte. Wie sagt man so etwas? dachte sie verzweifelt. Dann fuhr sie fort: „...der ein Hüftgelenksleiden hat. Er hat einige Zeit Tabletten bekommen, aber jetzt nützt es nichts mehr. Seine Hinterbeine machen nicht mehr mit, und es geht ihm sehr schlecht. Könnten Sie zu uns kommen?" Verwundert merkte sie, wie kalt und unpersönlich ihre Stimme klang.

„Am besten bringen Sie Ihren Hund nachmittags zu mir in die Praxis", sagte der Tierarzt.

„Zu Ihnen bringen? Das kann ich nicht", widersprach Gine. „Es ist ein großer, schwerer Hund. Ich schaff's nie, ihn mit seinen kranken Beinen ins Auto und wieder heraus zu bekommen."

Der Tierarzt murmelte etwas vor sich hin, und es klang, als blätterte er in seinem Terminkalender.

„Ich sehe gerade, daß ich später schon einen Termin in dieser Gegend habe“, sagte er schließlich widerwillig. „Gegen zwölf kann ich vorbeikommen. Richten Sie einen Strick her, den wir ihm um die Kiefer binden können, und einen leeren Sack.“

Für den Tierarzt war das eine alltägliche Sache, ein Teil seiner Arbeit. Gine legte wie betäubt den Hörer auf. Alles kam ihr so unwirklich vor.

„Ich gehe jetzt zu den Pferden“, sagte sie zu ihrer Mutter und zog ihre Stalljacke an. Sie schlüpfte in die Gummistiefel und öffnete die Tür. Robbie erhob sich mühselig und sah mit seinen alten, traurigen Augen zu ihr auf. Dann schleppte er sich über die Schwelle und folgte ihr langsam und mit großer Anstrengung zum Stall. Das hatte er schon lange nicht mehr getan.

Im Stall sank er gleich neben der Tür mit einem dumpfen Laut auf den kalten Zementboden nieder. Da lag er und folgte Gine mit den Blicken, während sie Pirat und Morena fütterte und die Boxen ausmistete. Gine versorgte die Pferde ganz mechanisch; sie merkte kaum, was sie tat. Sie öffnete einen frischen Heuballen, wickelte die Schnur ab und steckte sie in die Jackentasche.

Als sie wieder ins Haus zurückgehen wollte, konnte Robbie nicht mehr aufstehen. Er versuchte es, doch die Hinterbeine gaben unter ihm nach. Da lag er und winselte. Gine mußte ihm helfen. Den ganzen Weg zum Haus mußte sie gebückt gehen und sein schwaches, zitterndes Hinterteil mit beiden Händen stützen. Einmal ließ sie ihn versehentlich los, und da sank Robbie zusammen und konnte sich nicht wieder aufrichten. Zum erstenmal dachte Gine: Es wird gut sein, wenn es vorüber ist... Bisher hatte sie immer dagegen angekämpft, doch jetzt begriff sie, daß es richtig gewesen war, den Tierarzt anzurufen.

Im Haus setzte sie sich auf den Boden im Flur und hielt Robbies Kopf in ihrem Schoß. Sie kraulte ihn sacht hinter den Ohren. Robbie seufzte tief.

Es war eine Erleichterung, als der Tierarzt endlich auftauchte. Gine half Robbie auf den Hofplatz hinaus. Sie dachte, sie hätte jetzt das Schlimmste überstanden, doch sie weinte die ganze Zeit, während der Tierarzt die Spritze vorbereitete.

Das Maul mußten sie Robbie nicht zubinden. Sein Kopf lag ganz friedlich in Gines Schoß. Dann war es in ein paar Minuten vorbei. Robbie würde ihr nie wieder mit den Blicken folgen, wenn sie aufstand, um das Haus zu verlassen...

Der Vater begrub Robbie bei den Überresten des alten Steinkellers in einer Ecke des Gartens. Es wurde ein seltsamer Abend. Gine und Li und die Mutter blieben im Haus. Sie sprachen nicht miteinander; sogar Li war ungewöhnlich still. Es kam ihnen vor, als wäre Papa stundenlang draußen und als wäre alles nicht richtig vorbei, ehe er nicht wieder ins Haus zurückkam. Es war nicht leicht, den herbstkalten Boden aufzugraben. Zum Glück hatte es noch nicht richtig gefroren.

Als der Vater endlich wieder hereinkam, wagte keiner ein Wort zu sagen. Es war still, während er den Mantel auszog.

„Ein Unwetter zieht auf", murmelte er. „Es tut gut, ins warme Haus zu kommen. Der Wind schüttelt die Baumwipfel auf dem Hügel."

„Willst du etwas Heißes, um dich aufzuwärmen?" fragte Mama, erleichtert darüber, daß sie wieder miteinander reden konnten. „Ich koche Tee und mache dir ein Omelett."

„Mama", sagte Li mit dünner, kläglicher Stimme, „darf ich heute nacht bei dir im Bett schlafen?"

Gine konnte nichts essen, aber sie blieb trotzdem noch eine Weile bei den anderen in der Küche sitzen. Eigentlich hätte sie auf ihr Zimmer gehen und an ihrem Buch schreiben sollen, doch sie spürte, daß sie das jetzt nicht konnte. Nicht heute abend. Über Pirat zu schreiben bedeutete, daß sie sich von der Gegenwart lösen und in die richtige Stimmung kommen mußte, um etwas zu erzählen, was in der Vergangenheit geschehen war. Und Robbie war eng mit dieser Vergangenheit verbunden.

Morgen vielleicht, dachte sie. Es war nicht das erstemal, daß sie das Schreiben auf den nächsten Tag verschob. Sie hatte nie geglaubt, daß es so schwer sein könnte, ein Buch zu schreiben. Am Erzählstoff mangelte es ihr nicht, das war kein Problem. Das Schwierige war, daß sie viel zu oft festgefahren war, mit Ausdrücken und Formulierungen kämpfte und ihre ganze Willensstärke und Selbstdisziplin brauchte, um weiterzumachen. Das war anstrengend. Jedes Wort mußte niedergeschrieben werden, eines nach dem anderen, und das ging nicht von selbst.

Ein Buch zu schreiben ist wohl die einsamste Arbeit der Welt, dachte Gine oft in diesem Herbst. Keine Arbeitskollegen, keiner, mit dem man reden kann, keiner, der einem hilft. Das, was man tut, schafft man ganz allein. Eines Tages hatte sie darüber ein paar treffende und auch tröstliche Sätze in der Zeitung gelesen. Sie hatte den kurzen Artikel ausgeschnitten und an die Wand über ihrem Schreibtisch gehängt: *Ein Schriftsteller ist eine Person, der das Schreiben schwerfällt,* hieß die Überschrift.

Aber ich bin ja keine Schriftstellerin, dachte Gine bei sich. Noch nicht. Doch ich kann es werden. Vielleicht – wenn ich nicht aufgebe.

Am nächsten Tag warf Gine Robbies Plastikschüsseln weg – die rote für das Fressen und die gelbe für das Wasser. An den

Rändern waren noch die Spuren seiner Zähne. Robbie hatte sie viele Jahre lang gehabt. Die Leine und das Halsband mit der Steuermarke rollte sie zusammen und legte sie weit hinten in einen Schrank im Keller. Robbies Teppich im Flur schüttelte sie aus und legte ihn neben die Waschmaschine, damit ihre Mutter ihn waschen konnte. Dann nahm sie den Staubsauger und saugte in der Küche und im Flur; da lagen immer Hundehaare in den Ecken.

Anschließend fühlte sich Gine etwas besser. Sie wußte nicht genau, warum, aber irgendwie hatte sie sich gezwungen gefühlt, alles wegzuräumen, was an Robbie erinnerte. Vielleicht war es genau das: Sie wollte nicht durch Äußerlichkeiten an ihn erinnert werden, sie wollte sich an ihn selbst erinnern, an die Liebe und Anhänglichkeit, die er ihr entgegengebracht hatte.

Auf der Bahn mit John

Am Freitag stand in der Zeitung eine Anzeige von den nationalen Reitturnieren.

„Eigentlich finde ich es komisch", sagte Gine zu ihrer Mutter. „Wenn man zum Reitclub fährt, merkt man gar nicht, daß am Samstag und Sonntag große Springturniere stattfinden werden. Es kommt einem gar nicht so vor, als würde irgend jemand etwas dafür tun. Trotzdem bin ich sicher, daß alles perfekt ablaufen wird, denn es ist ein alteingesessener Verein, der schon seit Jahrzehnten Turniere veranstaltet. Natürlich wissen alle, was sie zu tun haben. Aber trotzdem – es sind immerhin nationale Wettkämpfe."

„Als wir im letzten Frühling in Bruksviken unser Ponyturnier hatten, haben massenhaft Leute mitgeholfen", sagte Li. „Weißt du noch?"

„Natürlich weiß ich das noch! Und dabei war es nur ein kleines Einladungsturnier. Aber alle haben schon wochenlang vorher mitgeholfen, Hindernisse anzumalen, in den Geschäften um Preise zu bitten, die Programme zu vervielfältigen – es gab schrecklich viel zu tun."

Die Mutter nickte. „Aber auch in diesem Reitclub arbeiten bestimmt viele Leute hart für die Turniere, selbst wenn ihr es nicht merkt. Wartet bloß, bis ihr dort mit allem ein bißchen vertrauter seid. Nächstes Jahr seid ihr beiden vielleicht unter denen, die da im verborgenen schuften."

„Ich werde jedenfalls bei der Bahn mithelfen", sagte Gine. „Morgen früh um neun muß ich dort sein."

„Ich möchte auch bei irgend etwas mithelfen", erklärte Li eifersüchtig. „Das wird ein furchtbar langweiliges Wochenende für mich, wenn du die ganze Zeit mit auf der Bahn bist!"

„Kannst du denn nicht mit Gabriella zusammensein?"

„Nein, weil sie am Einlaß steht und die Saaltür öffnen und schließen muß", sagte Li verdrießlich.

„Herrje – aber das kann sie doch nicht zwei Tage lang von morgens bis abends machen, da erfriert sie ja! Bestimmt kommt ab und zu jemand und löst sie ab. Sonst täte sie mir leid", sagte Gine. „Der Wind ist doch eiskalt, und es kann jeden Tag schneien. Übrigens – könnt ihr euch denn nicht abwechseln, du

und sie, so daß jeder immer eine Stunde an der Tür steht?"
„Ich werde Gabriella mal fragen", meinte Li ein bißchen fröhlicher.

Am Samstagmorgen stand Gine früher auf als sonst und lief in den Stall, während es draußen noch dunkel, kalt und ungemütlich war. Sie fütterte die Pferde, säuberte rasch ihre Boxen und rannte dann wieder ins Haus zurück. War das herrlich warm in der Küche! Sie stellte Teewasser auf und versuchte Li wachzurütteln, die sich im Bett herumdrehte und mürrisch murmelte, daß sie noch eine Weile schlafen wollte.

„Raus jetzt mit dir, wenn du mitkommen willst!" sagte Gine unbarmherzig.

Und Li brummte wütend: „Ja, ja, ich komme schon! Du brauchst nicht so einen Wirbel zu machen... Puh, ist das kalt im Haus!"

„Überhaupt nicht!" widersprach Gine. „Aber draußen ist's um so kälter. Zieh dich ganz warm an. Heute werden wir in der Reitschule bestimmt frieren."

Später konnte Gine nicht begreifen, was gerade an diesem Turnier so Besonderes gewesen war. Noch viel später erschien es ihr als das Schönste, was im ganzen Herbst passiert war, und sie fragte sich, was sie daran eigentlich so toll gefunden hatte. Vielleicht war es die spannungsgeladene Atmosphäre, das Gefühl, daß es eines der Turniere war, über die in den Pferdezeitschriften berichtet wurde. Ein Sieg oder eine Plazierung bedeutete schon etwas.

Gine hatte einen nationalen Wettkampf noch nie so hautnah erlebt. Sie blätterte im Programm, und da standen sie, die Namen aller bekannten Spitzenreiter, von denen sie bisher nur gehört oder gelesen hatte. Die Reiter begegneten ihr leibhaftig im Gedränge der Cafeteria, als sie dort eine Thermosflasche voll

Kaffee und ein paar Hefeschnecken für die Helfer der Reitbahn holte.

Gine stand auf der Bahn, zwischen den schönen, frisch gestrichenen Hindernissen, und sah sie hereinkommen, einen nach dem anderen, in roten Jacken und mit Pferden, die rund wie Gummibälle waren und feste Muskeln hatten. Es war so neu und aufregend, daß Gine gar nicht ans Frieren dachte.

Alles sah so leicht aus, doch sie wußte ja, daß diese Reiter, die in der mittelschweren Klasse sprangen, auf eine ganz andere Weise ritten als sie. Gine wunderte sich über sich selbst, als sie merkte, daß sie richtig Lust bekam, mitzuspringen. Der Wunsch, wieder auf einer Bahn zu springen, war zurückgekehrt. Wie schön war es doch mit Pirat gewesen – wenn sie es nur schaffen konnte, mit Morena ebenso gut zu springen!

Natürlich war es auch noch anderes, das diese Wettkämpfe zu etwas Besonderem machte. Gine half ja bei der Arbeit an der Bahn mit. Und John war da und einige andere Jungen, und Eva, die nette Reitlehrerin. Auch dieses hübsche, blonde, ein wenig sommersprossige Mädchen, das Cecilia hieß. Sie war nicht Johns Mädchen, wie sich herausgestellt hatte, sondern Gerhards Freundin. Sie waren ein gutes Team und hatten viel Spaß zusammen.

Gine redete nicht viel, aber sie fühlte sich wohl. Sie konnte nur nicht begreifen, daß es über hundert Teilnehmer waren, die in einem mittelschweren B-Springen mit Hindernissen von 1,30 m starteten. Diese Klasse nahm den ganzen Nachmittag in Anspruch.

Einmal hatte der Reitclub zu Hause in Bruksviken versucht, ein mittelschweres Springen ins Programm aufzunehmen – da hatten sich nur ganze sieben Teilnehmer für diese Klasse angemeldet. Der Gewinner hatte schließlich mit acht Fehlern abgeschnitten. Hier ritten so viele fehlerfrei, daß Gine gar nicht mehr mitzählen konnte. Im übrigen gelang es ihr auch nicht, in Ruhe zuzusehen, da man dauernd bereit sein mußte, Balken oder Mauerteile wieder an ihren Platz zu legen, die ein Pferd beim Sprung niedergerissen hatte.

Der Sieger dieses Tages war Anders auf seinem großen schwarzen Pferd Buffalo. Gine freute sich mit den anderen darüber; sie begann sich nun schon etwas zugehörig zum Reitclub zu fühlen.

John, der für die Bahn verantwortlich war, sagte nach der Preisverteilung: „Jetzt gehen alle ins Hotel und feiern – nur wir nicht, denn wir müssen die Bahn umbauen, damit sie morgen früh fertig vorbereitet ist. Gine und Eva, ihr verkürzt die Mauern auf einen Meter zwanzig, Cilla, du kannst die Oxer niedriger machen, und die Jungen kommen mit mir und holen Hindernisstützen."

Mitten in der Arbeit an den Hindernissen tauchte Li auf, ein blaugefrorenes kleines Wesen mit eiskalten Füßen.

„Gine, laß uns bald heimfahren, ich friere so!"

„Was hast du denn gemacht?"

„Was glaubst du wohl?" fragte Li mit klappernden Zähnen. „Ich bin am Eingang gestanden und hab die Tür auf- und zugemacht. Es dauert nicht mehr lange, dann bin ich ein Eiszapfen."

„Hier", sagte John und wühlte in seiner Tasche, „nimm eine Essensmarke von mir und geh in die Cafeteria hinauf. Aber beeil dich, sie schließen bald. Du bekommst eine Tasse heiße Schokolade und ein belegtes Brot dafür."

„Danke!" Li warf ihm einen verwunderten Blick zu und verschwand ebenso rasch, wie sie gekommen war.

„Meine kleine Schwester", sagte Gine.

„Ja, das hab ich gemerkt“, erwiderte John.

Als Pferde und Reiter verschwunden waren und die Zuschauer sich zerstreut hatten, war es gar nicht mehr so lustig, Hindernisse auf die große, verlassene Bahn zu tragen. Die Novemberkälte machte sich bemerkbar. Alle waren müde und arbeiteten so schnell sie konnten, um bald nach Hause zu kommen und sich aufzuwärmen.

Gine dachte daran, daß sie noch zwei Pferde zu versorgen hatte. Doch wenn sie daheim war, wollte sie sich eine Weile in die warme Küche setzen.

„Also – dann bis morgen früh um halb neun“, sagte John schließlich.

„Klar“, erwiderte Gine. Er sollte nicht glauben, daß sie so leicht aufgab!

Am Sonntag wollten Gines Eltern zu einer Kunstausstellung in die Kreisstadt fahren; so konnte Gine das Auto nicht haben. Doch ihr Vater fuhr sie und Li schon früh am Morgen in die Reitschule.

„Ruft zu Hause an, wenn ihr fertig seid“, sagte er beim Abschied. „Inzwischen sind Mama und ich sicher wieder zurück.“

Diesmal standen ein leichtes A-Springen und ein mittelschweres B-Springen auf dem Programm, wobei jeweils über hundert Teilnehmer starteten. Gine konnte die Wettkämpfe nicht verfolgen, aber es machte trotzdem Spaß, neben der Bahn zu stehen und all die bekannten Reiter und ihre Pferde aus der Nähe zu sehen.

„Die Hindernisse können stehenbleiben“, sagte John, als die Wettkämpfe vorüber waren. „Gerhard hat morgen ein Springtraining aufs Programm gesetzt.“

„Machst du mit?“ fragte Gine und dachte, daß sie dann gern zusehen wollte.

John lachte.

„Ja, wenn man das mitmachen nennen kann! Ich werde auf dem Schimmel reiten, den ich bei der Jagd hatte. Es kommen ein paar Leute, die ihn sich ansehen wollen; er ist ja zu verkaufen.“

Dann gingen Gine und Li zur Cafeteria. Gine wollte zu Hause anrufen.

„Wie kommt ihr übrigens nach Hause?“ rief John ihnen nach. „Ich hab dein Auto nicht auf dem Parkplatz gesehen.“

„Woher weißt du, was wir für ein Auto haben?“ fragte Gine verblüfft.

„Stell dir vor, ich weiß es eben. Einen blauen Volkswagen. Hab ich recht?“

Gine bekam rote Backen. Vielleicht interessierte er sich doch ein bißchen für sie? Das ganze Wochenende lang hatten sie kameradschaftlich zusammengearbeitet, hatten gemeinsam mit anderen gelacht und Spaß gemacht. Doch mehr war es nicht gewesen.

„Unsere Eltern brauchen heute das Auto“, sagte Gine.

„Ich kann dich nach Hause bringen.“

„Und was ist mit mir?“ fragte Li sofort.

„Du kannst auch mitkommen.“ John lachte. „Wo wohnt ihr?“

„Auf Norrlövsta, wenn du weißt, wo das ist.“

John musterte sie überrascht. „Ach, da wohnt ihr? Das ist ein schöner alter Hof. Als ich klein war, hatten wir ein Kindermädchen, das dort lebte. Ich weiß genau, wo es liegt. Ziemlich hoch oben auf den Hügeln.“

Gine genoß die Wärme im Wagen. Es war lange her, seit sie mit einem Jungen zusammen im Auto gefahren war. Sie fand es schön, einfach auszuspannen. Erst jetzt merkte sie, daß sie sehr müde war. Sie fuhren schweigend, doch es war ein angenehmes Schweigen. Li schlief auf dem Rücksitz.

Aus den Augenwinkeln sah Gine auf John. Sein Profil gefiel ihr. Auch das blonde Haar, das sich über dem Kragen im Nacken leicht lockte. Sie bekam Lust, diese Locken anzufassen, mit den Fingern darüber zu streichen.

„Woran denkst du?" fragte John. Er warf ihr einen Blick zu und lächelte leicht.

„An nichts", sagte Gine und lächelte zurück.

Nie wieder...

Der Montag war grau und trübselig, richtiges Novemberwetter, über das sich keiner freut. Dichter Nebel hüllte Norrlövsta ein. Li war beim Früstück müde und verdrossen und hatte keine Lust, zur Schule zu fahren. Gine saß schweigend am Tisch. Sie vermißte Robbie, der sonst immer auf dem Teppich gelegen und ihnen zugesehen hatte, während sie aßen.

Auch die Pferde waren schlechter Laune. Sie hatten während des Wochenendes viel zuwenig Bewegung gehabt und waren richtig gereizt, als Gine und Li sie zum üblichen Nachmittagsritt satteln und zäumen wollten.

„Gine, du mußt mir helfen, Pirat die Trense anzulegen. Er macht einfach das Maul nicht auf“, beklagte sich Li.

„Damit gibt’s doch sonst keine Schwierigkeiten“, sagte Gine. „Aber gut, ich komme schon.“

Pirat war verdrießlich und ungeduldig. Als Gine die Trense hob, legte er die Ohren an und schnappte nach Luft, um seinen Ärger zu zeigen. Unglücklicherweise war Gines Hand gerade im Weg, und ihr kleiner Finger geriet zwischen Pirats gelbe alte Vorderzähne.

Gine keuchte vor Schmerz. Die Knie gaben unter ihr nach. Sie sank ins Stroh und stieß einen Schrei aus. Es war lange her, seit ein Pferd sie gebissen hatte. Sie hatte vergessen wie furchtbar weh das tun kann – so weh, daß man fast ohnmächtig wird.

Vorsichtig sah sie auf ihren Finger. Man merkte kaum etwas, nur ein rotes Mal quer über dem Nagel und etwas aufgeschürfte Nagelhaut. An dieser Stelle blutete der Finger auch ein wenig.

„Was – er hat *dich* gebissen!“ Li konnte es kaum fassen.

„Ach, das wollte er ja gar nicht“, brachte Gine schwach hervor. „Es war nur ein dummer Zufall.“

„Dann können wir heute wohl nicht reiten, hm?“ fragte Li vorsichtig.

Gine saß noch immer im Stroh und weinte fast vor Schmerz. Daß so etwas derart weh tun konnte, obwohl man doch kaum etwas sah!

„Doch, klar, es geht gleich wieder vorbei.“

Gine raffte sich auf und setzte sich auf die Haferkiste. Ihre Knie waren richtig weich, die Füße trugen sie kaum. Sie steckte den wehen Finger in den Mund. Es klopfte in der ganzen Hand. Pirat mußte ordentlich zugebissen haben. Wenn bloß der Knochen heil geblieben war!

„Davon kannst du einen Wundstarrkrampf kriegen“, sagte Li plötzlich. „Du mußt dir eine Spritze geben lassen. Wir haben darüber in der Schule gesprochen. Es ist gefährlich, gebissen zu werden, wenn man hinterher eine offene Wunde hat.“

„So ein lächerlicher Kratzer“, murmelte Gine. „Es tut so weh, daß man denkt, man stirbt... Bring die Pferde auf die kleine Wiese beim Stall und miste die Boxen aus, wenigstens den schlimmsten Schmutz. Glaubst du, daß du das allein schaffst? Die Schubkarre brauchst du nicht hinauszuschieben – das mach ich morgen. Und gib saubere Streu in die Boxen, gib den Pferden Heu und stell ihnen die Wassereimer hin. Dann holst du Pirat und Morena wieder herein. Wenn sie getrunken haben, kannst du ihnen Hafer geben. Ich muß ein bißchen sitzen bleiben. Ich bin richtig fertig.“

So wurde an diesem Tag nichts aus dem Reiten. Gine ruhte sich aus, während Li in den schmutzigen Boxen mit der Mistgabel kämpfte und die schweren Wassereimer schleppte. Als alles fertig war, holten sie die Pferde wieder in den Stall und gingen zum Haus hinauf. Gine fror.

„Am besten fährst du jetzt gleich zur Ambulanz und läßt dir eine Spritze geben“, sagte die Mutter, während Gine sich die Hände mit warmem Wasser wusch.

„Daß er *dich* gebissen hat!“ sagte Li wieder.

„Soll ich dich in die Stadt fahren?“ fragte der Vater besorgt.

„Nein, danke, ich komme schon allein zurecht“, sagte Gine. „Mir geht's jetzt schon wieder besser.“

So wie sie war, in Reithosen und dem dicken Strickpulli unter der Jacke, fuhr sie ins Krankenhaus. Sie kam sich richtig lächerlich vor, als sie ihren kleinen Finger vorzeigen mußte.

„Ich weiß genau, wie so etwas ist“, sagte die Krankenschwester teilnahmsvoll. „Im letzten Sommer bin ich von einem Hund gebissen worden. Er hatte meine ganze Hand zwischen den Zähnen. Ich dachte, ich würde ohnmächtig, und daß die Hand völlig zerfleischt sein müßte. Aber als er mich wieder losließ, sah man kaum etwas. Es tat bloß so wahnsinnig weh."

Dann bekam Gitte eine Spritze. Sie sah nicht hin und spürte, wie sie sich verkrampfte, doch es war nicht schlimm. Die Wunde wurde gereinigt und mit einem Pflaster versehen; anschließend ging es ihr wieder ganz gut. Jetzt konnte sie wenigstens keinen Wundstarrkrampf bekommen.

Als Gine wieder im Auto saß, fiel ihr ein, daß im Reitclub gerade Springtraining war und daß ein gewisser Jemand dabei sein würde. Sollte sie vielleicht... Rasch beschloß sie, kurz dort vorbeizufahren und sich das Training anzusehen, nachdem sie nun schon einmal in der Stadt war.

Eva gab einer Gruppe von älteren Anfängern Reitunterricht im kleinen Reitsaal. In der Cafeteria stand Cecilia hinter der Theke und begrüßte Gine erfreut. Gine kaufte sich eine Tasse Tee, ein Hörnchen und ein Stück Schokoladenkuchen.

Im großen Reitsaal war die Springlektion in vollem Gang. Gine sah John sofort. Er ritt gerade auf dem Schimmel. Neben Gerhard stand Anders und half bei den Hindernissen. Anders trainierte natürlich nicht mit, seine Pferde mußten Ruhe haben. Sie waren während der Wettkämpfe schon genug gesprungen.

Alle Hindernisse waren gesenkt worden und befanden sich ungefähr auf B-Höhe. Gitte dachte, daß auch sie gern dabeigewesen wäre, um mit Morena zu trainieren.

Es waren viele Reiter im Saal. Offenbar war John gerade an der Reihe, zu springen, da die anderen drei Reiter und ihre Pferde in einer Ecke standen und warteten. Nun tauchte auch Cecilia auf.

Sie stellte sich neben Gitte ans Fenster und sah zu. Die Cafeteria war fast leer.

„Es sind fast nur Jungen, die in diesem Club springen", sagte Gitte zu ihr.

„Ja, irgendwie hat sich das so ergeben", erwiderte Cecilia. „Vor ein paar Jahren waren wir eine Gruppe von Mädchen, die trainierten und an den Wettkämpfen teilnahmen – aber sie haben fast alle geheiratet und sind weggezogen. Außer mir", fügte sie mit einem Kichern hinzu.

„Und da hast du auch aufgehört?"

„Nur mit dem Springen. Ich mag es nicht, wenn die Pferde über die Hindernisse gehetzt werden. Jetzt reite ich meistens Dressur. Außerdem war es beim Springen so, daß Gerhard und ich immer Streit bekamen. Er hat viel zuviel von mir verlangt. Nie war ich ihm gut genug. Die meisten Mädchen, die jetzt springen, sind ein bißchen jünger und reiten Ponys. Gerhard hat eine besondere Ponygruppe, die er unterrichtet."

Cecilia verstummte, und sie sahen auf John und den Schimmel, der müde und unwillig ein Hindernis nach dem anderen überwand.

„John hatte früher ein gutes Pferd", erzählte Cecilia. „Einen Fuchs. Aber als er zu studieren anfing, hat er ihn verkauft. Damals war er mit einem Mädchen befreundet, das Karin hieß. Sie war immer beim Training dabei und hat auch mit John zusammen bei den Wettkämpfen mitgemacht. Aber dann war's wohl aus... Warum nimmst du nicht mit deinem Pferd an den Trainingsstunden teil?"

„Das täte ich gern, wenn ich bloß einen Pferdeanhänger hätte", sagte Gine und fragte sich, was denn aus war – die Teilnahme an den Wettkämpfen oder Johns Freundschaft mit Karin? Doch sie wollte nicht fragen. Sie sahen zu, während die anderen Reiter sprangen. Cecilia sprach über jeden einzelnen, so daß Gine am Ende das Gefühl hatte, alle zu kennen.

„Ich schließe jetzt die Cafeteria. Es ist ja schon gleich acht", sagte Cecilia. „Wir wollen später noch zu Eva. Hast du Lust, mitzukommen?"

Gine freute sich sehr. „Ja, prima, mach ich gern. Aber es ist wohl besser, wenn ich zuerst zu Hause anrufe. Ich bin nämlich heute mit dem kleinen Finger zwischen die Zähne meines alten Pferdes gekommen", sagte sie und zeigte ihre Hand mit dem Pflaster. „Deshalb war ich im Krankenhaus und hab mir eine Spritze gegen Wundstarrkrampf geben lassen."

„Ja, so was kann schon mal passieren", meinte Cecilia.

Eva lebte in einer kleinen Wohnung am Rand der Stadt. Es war ein großes Neubaugebiet mit vielen Mietshäusern, nicht weit vom Reitstall entfernt. Gine fuhr mit dem Wagen hinter Gerhard und Cecilia her und überlegte während der Fahrt, wer wohl an diesem Abend sonst noch bei Eva auftauchen würde.

Evas Wohnung schien förmlich aus den Nähten zu platzen, so voll war es im Flur. Alle zogen ihre Reitstiefel aus und hängten Mäntel und Jacken auf. Doch dann stellte sich heraus, daß es nur sechs Personen waren: Eva selbst, die sich rasch wusch und dann in der kleinen Küche Kaffeewasser aufsetzte, Gerhard, der sofort die neueste Nummer der Zeitschrift *Reitsport* an sich riß, und Cecilia, die eine Platte auflegte. Anders schnupperte begeistert in die Luft und sagte: „Oh, du kochst Kaffee! Es ist lange her, daß ich richtigen Kaffee getrunken habe – ich mach mir selbst immer nur den löslichen, das geht schneller."

Auch John war da. Er setzte sich aufs Sofa im Wohnzimmer und streckte die Beine aus. „Das war das letztemal, daß ich mit diesem Pferd geritten bin!" sagte er.

Gerhard grinste.

„Das spürt man in den Knochen, wie?"

Alle schienen sich zu Hause zu fühlen. Gine stand in der Tür zwischen Küche und Wohnzimmer und wußte nicht recht, was sie tun sollte. Die ganze Küche duftete nach frisch aufgebrühtem Kaffee. Eva holte ein Backblech mit einem großen braunen Zuckerkuchen aus dem Ofen hervor. Dann begann sie Schokoladenguß darüber zu verteilen.

„Kann ich dir irgendwie helfen?" fragte Gine.

„Ja, du könntest noch Kokosraspeln über die Schokolade streuen, wenn du magst", sagte Eva, „dann kann ich inzwischen den Kaffee fertig aufgießen."

Bald saßen alle um den Tisch im Wohnzimmer, tranken Kaffee und stopften den köstlichen Kuchen in sich hinein. Gine war auf dem Sofa neben John gelandet. Es war seltsam, so dicht neben ihm zu sitzen. Manchmal sah er sie von der Seite an. Sie brachte nicht den Mut auf, seine Blicke zu erwidern, aber sie war froh, daß er ebenfalls gekommen war.

Natürlich wurde vor allem über Pferde gesprochen und über Leute, die Gine nicht kannte. Deshalb schwieg sie meist und hörte zu. Doch dann kam das Gespräch auf Arbeit und Beruf, und Eva sagte lachend: „Ihr seht ja, wie das ist, bei meinem Beruf hat man einen sehr begrenzten Freundeskreis. Man kommt nur mit anderen Pferde-Idioten zusammen."

Die anderen lachten und protestierten; die Stimmung war locker und ausgelassen.

„Was machst du eigentlich, Gine? Steckst du noch in der Ausbildung, oder arbeitest du?" fragte Cecilia plötzlich.

Wenn Gine etwas haßte, dann solche Augenblicke, in denen alle verstummten und sie ansahen. So war es jetzt. Mit einemmal wurde es mäuschenstill in Evas Wohnzimmer, und alle warteten auf Gines Antwort.

Sie merkte, wie sie rot wurde. Sie begann zu schwitzen, und der dicke Wollpulli juckte und kratzte. In ihrem kleinen Finger pochte es – dabei hatte er den ganzen Abend nicht mehr weh getan. Sie mußte etwas sagen.

„Ich schreibe ein Buch“, platzte sie heraus. Dabei hatte sie es doch niemandem verraten wollen! Dann versuchte sie rasch, die Sache zu erklären. „Ich meine, ich weiß ja nicht, ob es überhaupt ein Buch wird, aber es ist jedenfalls ein Versuch.“

„Oho!“ witzelte Anders. „Wir haben eine Schriftstellerin mitten unter uns. Da muß man sich in acht nehmen!“

„Ja. Es könnte doch passieren, daß du in meinem nächsten Buch vorkommst“, erwiderte Gine rasch. „Ich könnte zum Beispiel über die Hubertusjagd schreiben...!

Gerhard und John lachten, und Anders verstummte. Gine hoffte, daß er es ihr nicht übelgenommen hatte. Sie kannte die anderen ja noch nicht besonders gut und wußte nicht, was hier noch als Scherz galt und was als Beleidigung. Doch ein bißchen Spaß mußte er vertragen können.

„Das war gemein“, protestierte Anders schließlich. „Schreibst du ein Pferdebuch?“

„Ja. Es handelt von meinem alten Pony, und ich wollte bis Weihnachten fertig sein. Aber ob es klappt, weiß ich nicht. Ich hinke ziemlich hinter meinem Zeitplan her. Eigentlich sollte ich schon viel weiter sein. Im Grunde müßte ich jetzt zu Hause sitzen und schreiben, statt hier zu sein.“

Sie warf Eva einen Blick zu, und weil sie dachte, es könnte vielleicht unhöflich klingen, fügte sie hinzu: „Aber hier bin ich natürlich viel lieber.“

„Und außerdem bekommst du bei uns sicher ein paar gute neue Ideen!“ meinte Cecilia lachend.

Eva schenkte frischen Kaffee ein, und das Gespräch wurde wieder allgemeiner. Gine war erleichtert. Sie fand es furchtbar peinlich und unangenehm, im Mittelpunkt der Aufmerksamkeit zu stehen. Sie wagte es nicht, John anzusehen. Wenn er sie nun dumm fand?

Anders stand als erster auf und sagte, er müsse jetzt nach Hause. „Ich muß morgen früh aufstehen. Vielen Dank für Kaffee und Kuchen, Eva!“

Die anderen blieben noch eine Weile. Es war so warm und gemütlich in der Wohnung; keiner von ihnen mochte in die kalte Herbstnacht hinaus. Doch schließlich fand auch Gine, daß es Zeit war, aufzubrechen, und zwang sich, vom Sofa aufzustehen.

„Ich glaube, ich muß jetzt los“, sagte sie. „Ich hab noch eine ziemlich lange Heimfahrt vor mir.“ Und weil sie fand, daß sie och etwas sagen mußte, fügte sie hinzu: „Es war ein schöner Abend. Vielleicht kommt ihr auch mal zu mir nach Hause. Vielen Dank für alles, Eva!“

Sie ging in den kleinen Flur hinaus und suchte unter all den Reitstiefeln die dort in wildem Durcheinander lagen, nach ihren eigenen. Aus dem Wohnzimmer hörte sie Gerhards vergnügte, ein wenig spöttische Stimme sagen: „Aha, so ist das – du gehst also jetzt auch…“

Und dann Johns gelassene Antwort: „Ja, klar, was ist daran so komisch?“

Dann kam John in den Flur. Gine war gerade fertig angezogen. Sie wußte nicht, ob sie gehen oder auf ihn warten sollte. Eigentlich hätte sie gern auf ihn gewartet, doch er sollte nicht glauben, daß sie sich ihm an den Hals werfen wollte. Vielleicht war es am besten, langsam die Treppe hinunterzugehen, so daß er sie einholen konnte.

„Tschüs dann!“ sagte sie rasch.
„Warte auf mich“, erwiderte John leise.
Sie blieb stehen und kümmerte sich nicht darum, daß Gerhard in der Wohnzimmertür auftauchte und sie beide belustigt beobachtete.
„Viel Glück!“ rief er John nach.
„Deine Fürsorge ist rührend“, sagte John kurz angebunden.
Dann waren sie draußen im Treppenhaus. Gine ging rasch die Stufen hinunter. Ihre Schritte hallten von den Wänden wider. Keiner von ihnen sagte etwas. Es war schön, ins Freie zu kommen. Langsam gingen sie das kurze Stück bis zum Parkplatz.
Plötzlich spürte Gine wieder das gleiche wortlose Zusammengehörigkeitsgefühl wie beim Reiterfest. Sie befürchtete, daß dieses Gefühl vielleicht vergehen würde, wenn sie miteinander zu sprechen begannen, da sie es nicht mit Worten ausdrücken konnten oder wollten.
Der Nebel hatte sich gelichtet. Es war jetzt viel kälter. Der Himmel war sternenklar.
„Eine schöne Nacht“, sagte John.
„Mhm“, erwiderte Gine nur.
Sie gingen ganz dicht nebeneinander. Gine wünschte, der Parkplatz wäre weit, weit entfernt.
„Wo wohnst du?“, fragte sie.
„In der Stadt. An der Bergstraße.“
Und schon waren sie auf dem Parkplatz. Gine dachte: Ob er das gleiche empfindet wie ich? Warum sagt er nichts?
Doch alles, was er noch sagte, war ein hastiges: „Tschüs, bis bald.“ Dann ging er zu seinem Auto.
Gine stieg in das Auto ihres Vaters. Drinnen war es eiskalt. Jungen sind seltsam, dachte sie. Und ich bin bis über beide

Ohren in einen seltsamen Jungen verliebt. Es ist besser, wenn ich es mir gleich eingestehe. Obwohl er es vielleicht nie erfahren wird. Dabei wollte ich mich doch nie wieder verlieben!

Das Buch ist fertig

Anfang Dezember kam der Winter ins Hochland. Der Himmel war grau, und der erste Schnee wirbelte durch die Luft, rasch zuerst, dann immer langsamer. Bald schwebten große Schneeflocken langsam zu Boden. Ganz Norrlövsta war eingebettet in eine dicke weiße Decke. Die Pferde wälzten sich selig im Schnee, sprangen auf, schüttelten sich, legten sich wieder hin und wälzten sich erneut.

An einem klaren und kalten Tag, als der Himmel tiefblau war und die Sonne auf den Schneekristallen glitzerte, ritt Gine zum Reitstall. Leichter Pulverschnee wirbelte um Morenas Hufe. Eva hatte versprochen, ihr eine Trainingsstunde zu geben.

Es war richtig aufregend, wieder in der Reithalle zu üben, wenn man nicht mehr daran gewöhnt war. Wie gut es die Leute doch eigentlich hatten, deren Pferde in der Reitschule eingestellt waren! Da konnte man unabhängig vom Wetter mit seinem Pferd arbeiten. Anders war es, wenn man dauernd ins Freie mußte – manchmal war der Boden zu glatt oder zu aufgeweicht, manchmal war er zu hart und gefroren. Da konnte man einfach nicht regelmäßig trainieren. Wie schon so oft wünschte Gine, sie hätte einen Pferdeanhänger gehabt. Wie schön wäre es gewesen, Morena einfach nur einzuladen und einmal in der Woche in die Stadt zum Training zu fahren! Doch das mußte vorerst ein Traum bleiben.

Auch John fand, daß Gine und ihr Pferd regelmäßiges Training brauchten, wenn sie an den Clubwettkämpfen teilnehmen wollte. „Gerhard gibt nach den Weihnachtsferien wieder neue Trainingskurse", erzählt er Gine. „Das wäre doch etwas für dich!"

Gine wußte, daß er recht hatte. Sie mußte irgendwie versuchen, das Transportproblem zu lösen. Sicher konnte man irgendwo einen Anhänger leihen. Damit mußte sie sich nach Neujahr beschäftigen. Jetzt wollte sie sich erst einmal darauf konzentrieren, ihr Buch fertigzuschreiben.

Sie schrieb jetzt immer bis spät in die Nacht hinein. Stundenlang saß sie oben in ihrem Zimmer und kämpfte mit der Einsamkeit. Manchmal schlich sie mitten in der Nacht in die Küche, um sich Tee zu kochen und ein belegtes Brot zu essen. Dabei stieg sie jedesmal vorsichtig über den dunklen Flurboden, um nicht auf Robbie zu treten. Das war eine alte Gewohnheit, die sie sich noch nicht abgewöhnt hatte. Der Verlust des Hundes schmerzte sie stets von neuem, wenn ihr einfiel, daß es ja keinen geliebten Robbie mehr gab, auf den sie Rücksicht nehmen mußte.

Wenn Li an diesen trüben Dezembernachmittagen nach Hause kam, ritten die Schwestern im Schrittempo mit den Pferden in die Dämmerung hinaus und sehnten sich nach den Weihnachtsferien, in denen sie endlich wieder bei Tageslicht zusammen ausreiten konnten.

Li hatte nun keine Angst mehr vor Pirat. Dabei hatte Gine befürchtet, es würde noch mehr Schwierigkeiten zwischen ihrer Schwester und Pirat geben, nachdem er sie gebissen hatte. Doch es kam genau umgekehrt. Li hatte jetzt begriffen, daß Pirat einfach nur alt und ein bißchen nervös war und daß er nichts gegen sie persönlich hatte. Wenn sie jetzt zu ihm in die Box ging, richtete sie sich zu ihrer vollen Größe auf und sagte mit freundlicher Stimme: „Aha, du möchtest beißen, wie. Du beißt ja sogar Gine, mein Alter. Aber mich wirst du nicht beißen, das sage ich dir…"

Als die Weihnachtsferien begannen, war Gine mit ihrem Buch fertig. Eines Abends, mitten im letzten Kapitel, wußte sie, daß sie alles erzählt hatte, daß es nichts mehr hinzuzufügen gab. Sie hatte das letzte Wort geschrieben – genau so stimmte der Schluß für die ganze Erzählung. Trotzdem fühlte sie sich jetzt schrecklich leer, irgendwie enttäuscht. Sie hatte geglaubt, das Ende des Buches würde langsam kommen, so, daß sie sich daran gewöhnen konnte. Statt dessen war der Schluß einfach plötzlich da.

Sie saß lange mit dem Kugelschreiber in der Hand am Schreibtisch und sah auf die letzte Seite nieder. Das Buch, das den ganzen Herbst hindurch ihr Freund und Feind gewesen war, brauchte sie nun nicht mehr. Irgendwie war es ein leeres, einsames Gefühl. Nun war sie wieder nur mehr Gine, ohne diesen Freund-Feind.

Sie beschloß, das Manuskript in eine Schublade zu legen und einfach zu schlafen, sich auszuruhen und mit ihrer Familie Weihnachten zu feiern. Dann, Anfang Januar, wollte sie es wieder hervorholen und sauber abschreiben. Anschließend mußte sie es an einen geeigneten Verlag schicken.

Am letzten Schultag vor den Ferien kam Li nach Hause und keuchte den Hügel hinauf, die Schulmappe voller Zeichnungen und Weihnachtsbasteleien, die sie im Werkunterricht gemacht hatte. Gine sah sich die Zeichnungen an und merkte, daß Li viele Stadthäuser gemalt hatte. Kein einziger roter Bauernhof war dabei – keiner, der so aussah wie Norrlövsta.

Li sehnt sich noch immer nach Norrland zurück, dachte Gine, auch wenn sie jetzt nicht mehr so oft darüber spricht.

Sie hatte recht. Li schrieb regelmäßig an ihre beste Freundin Ulli, und jetzt in den Weihnachtsferien durfte sie für ein paar Tage „heim" nach Bruksviken fahren und sie besuchen. Sie hatte den ganzen Herbst darum gebettelt. Anfangs hatten ihre Eltern es abgelehnt. „Wir können doch eine Elfjährige nicht allein mit dem Zug fahren lassen", hatte Mama gemeint. „Außerdem müßtest du in Stockholm umsteigen."

„Das schaffe ich doch leicht", sagte Li.

„Nie im Leben!" erwiderte ihre Mutter.

Doch dann hatten sie festgestellt, daß man abends von Nässjö aus mit dem Schlafwagen fahren konnte, ohne irgendwo umsteigen zu müssen, und am nächsten Morgen am Ziel war. Das war eine Lösung. Sie beschlossen, daß Li fahren durfte, und Papa kaufte ihr an der Bahnstation in der Stadt eine Schlafwagenkarte. Doch zuerst wollten sie zusammen ihr erstes Weihnachtsfest auf Norrlövsta feiern.

Weihnachten auf Norrlövsta

„Heute fahren wir besser nicht den Berg hinauf", sagte Gines Vater besorgt und trat auf die Bremse. „Es hat keinen Sinn, es zu versuchen. Wir würden bestimmt sofort steckenbleiben."

Es war zwei Tage vor Heiligabend. Und nun saßen sie da, die ganze Familie, unten am Fuß des Hügels beim Bauernhof, das Auto vollgeladen mit Essensvorräten und Weihnachtsgeschenken. Den ganzen Nachmittag waren sie in der Stadt gewesen und hatten bei dichtem Schneegestöber Weihnachtseinkäufe gemacht. In der Stadt war es natürlich stimmungsvoll gewesen mit den Schneeflocken, die auf der Hauptstraße im Schein der Weihnachtsbeleuchtung glitzerten. Und auf der Heimfahrt hatten sie mehrmals zueinander gesagt: „Hoffentlich ist er mit dem Schneepflug durchgefahren, sonst kommen wir nicht den Hügel hinauf!"

„Er", der also nicht Schnee geräumt hatte, war ein Bauer aus dem Nachbardorf, der mit seinem Traktor umherfuhr und die Straßen räumte, wenn es nötig war.

„Da gibt's bloß eins", sagte Papa, „wir müssen das Auto vorerst mal hier bei Otto lassen und dann mit dem Schlitten die Lebensmittel und die wichtigsten Sachen zum Haus hinaufbringen."

„Mit welchem Schlitten?" fragte Li rasch.

„Mit dem, den du zu Weihnachten bekommen sollst", sagte ihre Mutter. „Da kriegst du eben diesmal ein etwas verfrühtes Weihnachtsgeschenk."

„Das macht nichts!" Li strahlte. Sie war ausnahmsweise in

strahlender Laune, weil die Ferien vor ihr lagen, ohne Schule und Hausaufgaben.

So kämpften sie sich in Dunkelheit und Schneegestöber den Hügel hinauf. Papa zog den Schlitten mit den schwersten Sachen. Gine, Li und ihre Mutter trugen Pakete und Tüten. Trotzdem konnten sie nicht alles mitnehmen.

„Sobald der Schneepflug da war, gehe ich hinunter und hole das Auto“, sagte Papa.

Der Schnee lag weiß und unberührt vor ihrem roten Haus oben auf der Anhöhe. Und so sollte Gine das erste Weihnachtsfest auf Norrlövsta auch in Erinnerung behalten: mit Schneegestöber, das Haus eingebettet in Weiß, dem warmen Licht der Kerzenflammen im Wohnzimmer und dem Adventsstern an Li's Fenster mit seinem rotgoldenen Schein.

Vor der Tür stampften sie den Schnee von ihren Schuhen.

„Jetzt kann es meinetwegen eine Woche lang schneien“, sagte Mama. „Wir haben eine Menge zu essen und alles, was wir brauchen.“

„Na ja, zuerst möchte ich schon gern das Auto heraufholen“, meinte Papa.

Später am Abend, als Gine und Li zusammen einen Christstollen backten und ihre Mutter die Tische mit Weihnachtsdekken und blühenden Hyazinthen schmückte, hörten sie das vertraute Rattern und Scheppern und das Motorengeräusch, das den Traktor ankündigte.

„Großartig!“ sagte der Vater zufrieden. „Jetzt fahre ich gleich mit hinunter und hole den Wagen.“

Am nächsten Tag schneite es weiter. Gine und Li gingen früh in den Stall und ließen die Pferde auf die Koppel, während sie die Boxen ausmisteten und frische Streu hineinlegten. Ein paar Tage zuvor waren sie im Wald gewesen und hatten verschneite

Fichtenzweige abgebrochen, die nun aufgetaut waren. Die hängten sie mit roten Schleifen vor Pirats und Morenas Box auf und umwanden ihre Namensschilder mit Glitzerschnüren. Den übriggebliebenen Fichtenzweig legten sie auf den Boden unter der Tür. Im ganzen Stall roch es frisch und weihnachtlich.

Auch im Haus duftete es, nach Hyazinthen und Weihnachtsbraten. Es war ganz wie jedes Jahr am Tag vor Heiligabend: Mama bereitete das Festessen vor, Li backte Pfefferkuchen und stopfte dabei vielzuviel Teig in sich hinein, und Gine und der Vater schmückten den Christbaum.

Da kam Li angelaufen. „Hängt das Herz und meine Weihnachtsmänner auf, die ich in der Schule gebastelt habe!" rief sie. Sie war überglücklich und tanzte ausgelassen durchs Zimmer. Li liebte Weihnachten. Da gab es so viele Leckerbissen: Weintrauben, Blutorangen, Nüsse, Schokolade und alle möglichen Süßigkeiten.

Mama kam aus der Küche und tauchte in der Wohnzimmertür auf. „Haben wir aber einen schönen Baum!" rief sie begeistert.

„Das sagst du jedes Jahr", erwiderte ihr Mann lachend. Er hatte die Kerzen angezündet, und das ganze Wohnzimmer strahlte und glitzerte.

„Weihnachten müßte das ganze Jahr sein", sagte Li. „Hilfe, meine Lebkuchen sind ja noch im Backrohr!"

„Keine Angst", erwiderte Mama. „Ich hab sie schon gerettet."

Seltsam..., dachte Gine. Hier stehe ich bei meiner Familie, und trotzdem kommt es mir vor, als sähe ich alles gewissermaßen von außen. So, als würde ich draußen vor dem Haus stehen, durchs Fenster hereinschauen und eine glückliche kleine Familie beobachten.

„Was ist los, Gine?" fragte ihre Mutter. „Du bist so schweigsam."

„Mir geht's gut, Mama", sagte Gine und lächelte. „Alles ist so schön und feierlich, daß man gar nicht mehr weiß, wohin man zuerst schauen soll. Ich mag dieses Haus sehr."

Am Vormittag des Heiligabends ritten Gine und Li aus. Sie hatten vorgehabt, durch den Schnee zu galoppieren, denn die Pferde waren lebhaft und voller Tatendrang, doch es hatte während der Nacht zuviel geschneit. Die Wege waren völlig verweht. Man konnte nur im Schrittempo reiten. Sie ließen die Pferde am langen Zügel durch den Schnee stapfen.

„Wir sind eingeschneit", stellte Gine fest. „Ob wohl während der Weihnachtsfeiertage geräumt wird? Aber wenn nicht, ist's auch nicht schlimm. Wir haben ja alles, was wir brauchen."

Als sie wieder ins warme Haus zurückkamen und den Schnee von ihren Jacken geschüttelt hatten, sagte die Mutter: „Gine, während ihr unterwegs wart, hat jemand für dich angerufen. Die Telefonnummer steht auf einem Zettel beim Telefon. Er bat, daß du zurückrufst, wenn du kommst."

„Aha", sagte Gine und versuchte ein unbeteiligtes Gesicht zu machen.

„Wer war es denn?" fragte Li neugierig. „Ein Junge?"

Gine ließ sich Zeit. Sie wusch sich die Hände und vertauschte ihre Stallkleidung gegen saubere Jeans und einen hübschen Pullover.

„Rufst du denn nicht endlich an?" drängte Li.

„Ja, mach ich schon", sagte Gitte. Sie nahm das Telefon mit ins Schlafzimmer ihrer Eltern und schloß die Tür. Die Nummer erkannte sie sofort. Sie wußte sie sogar auswendig, obwohl sie sie noch nie zuvor gewählt hatte. Die Adresse kannte sie auch: Bergstraße 30, im Stadtzentrum. Es gab schließlich ein Telefonbuch, in dem man nachsehen konnte, wenn man etwas wissen wollte...

Langsam wählte sie die Nummer. Sie fragte sich, was sie sagen sollte. Vor Aufregung war ihre Kehle wie zugeschnürt.

„Hier John Knudsen."

„Hallo, hier ist Gine. Du hast bei mir angerufen?"

„Oh, hallo, du bist's!" Seine Stimme klang erfreut, fand Gine. „Ich bin heute früh bei dir vorbeigefahren, aber man konnte nicht bis zu euch hinauf – seid ihr ganz eingeschneit da oben?"

„Ja, und wie! Wir können nicht weg, und keiner kann zu uns, bis wieder geräumt wird... Aber das macht nichts. Wir haben massenhaft Vorräte im Haus. Und es ist so schön hier oben, wie eine richtige Welt für sich."

„Du, ich wollte dich etwas fragen", sagte John. „Obwohl du ja vielleicht keine Lust haben wirst... Oder womöglich hast du schon etwas anderes vor. Sag's nur ehrlich, wenn es so ist!"

Gine mußte lachen.

„Darf ich zuerst mal wissen, worum es geht?"

„Na ja, weißt du, ich bin für Silvester eingeladen..., von diesen Leuten, denen der Schimmel gehört. Oder gehört hat, denn er ist jetzt verkauft. Sie heißen Lindwall und haben ein großes Haus außerhalb der Stadt. Es kommen ungefähr dreißig Leute, hauptsächlich Reiter und Clubmitglieder. Ich habe eine Einladungskarte bekommen, auf der steht *John Knudsen mit Begleiterin...*"

John schwieg eine Weile, und Gine wartete.

„... und ich hab gedacht, du würdest vielleicht gern mitkommen. Was meinst du dazu?"

Gine konnte nicht antworten, sie dachte nur: Ich bin ihm doch nicht gleichgültig, er interessiert sich für mich – ich hab es mir nicht bloß eingebildet!

„Bist du noch da?" fragte John.

„Ja, klar", sagte Gine verwirrt.

„Oder hast du vielleicht für den Silvesterabend schon etwas anderes vor?"

„Ich hab noch gar nicht an Silvester gedacht", sagte Gine ehrlich. „Ich weiß ja nicht, was man hier in der Stadt so macht, und ich kenne auch noch nicht viele Leute."

„Du kannst es dir ja überlegen", meinte John.

„Nein, das brauche ich nicht", erwiderte Gine. „Ich gehe furchtbar gern mit auf dieses Fest."

„Prima. Dann komme ich gegen sieben und hole dich ab." Johns Stimme klang warm und glücklich.

„Wenn geräumt ist!" lachte Gine.

„Wenn nicht, gehe ich eben zu Fuß den Hügel hinauf", sagte John. „Das ist kein Problem."

Als Gine den Hörer aufgelegt hatte, blieb sie noch lange auf der Bettkante sitzen. Sie würde mit John zu einer Silvesterfeier gehen! Noch vor einer Viertelstunde hätte sie davon nicht einmal zu träumen gewagt.

Langsam ging sie zu den anderen in die Küche. Sie versuchte so auszusehen wie immer. Es brauchte ja nicht gleich jeder zu wissen, wie glücklich sie war.

„Mama, ich bin zu einer Silvesterfeier eingeladen – toll, nicht! Aber natürlich hab ich mal wieder nichts Richtiges anzuziehen..."

„Oh, dann fährst du eben in den nächsten Tagen mal in die Stadt und kaufst dir etwas Hübsches. Das hast du dir wirklich verdient, nachdem du den ganzen Herbst so viel allein über deinem Buch gesessen bist."

„Na, in diesem Jahr müssen wir Silvester wohl ganz allein feiern", sagte Gines Vater und legte den Arm um seine Frau. „Li fährt nach Norrland, und Gine geht auf ein Fest. Unsere Töchter sind bald erwachsen."

Weihnachten wurde ruhig und schön, ein richtiges Familienfest. Sie waren noch immer eingeschneit, doch es gab auch nichts, was sie von zu Hause weggelockt hätte. Das Festessen fand in der großen, altmodischen Küche statt. Mama hatte den runden Tisch mitten im Raum mit Blumen und Kerzen geschmückt und die roten Weihnachtsvorhänge aufgehängt, die sie vor vielen Jahren einmal gewebt hatte. Gine hatte eine Wand voll Weihnachtspostkarten gepinnt, die von Freunden und Bekannten aus der ganzen Welt gekommen waren. Die Eltern kannten viele Leute und bekamen jedes Jahr ganze Stöße Weihnachtspost.

Dann tranken sie Kaffee und Saft im Wohnzimmer und aßen Torte, während Li wie ein Irrwisch herumrannte und es kaum erwarten konnte, bis die Geschenke ausgepackt werden durften. Sie hatte sich neue Slalomski gewünscht, damit sie während der Ferien mit Ulli zusammen Ski laufen konnte. Es war nicht schwer zu erraten, in welchem Paket sich die Ski verbargen.

Gine bekam wie jedes Jahr eine ganze Menge Bücher. Das war fast das schönste an Weihnachten, fand sie, sich in einem bequemen Sessel zusammenzukuscheln und in einer anderen, spannenden Welt zu versinken.

In den Weihnachtsfeiertagen wurde geräumt, und die Schwestern konnten mehrmals gemeinsam im knirschenden Schnee ausreiten, ehe Li ihre Slalomausrüstung packte und nach Bruksviken fuhr.

„Du bereust es doch hoffentlich nicht?“ fragte Mama beunruhigt, als sie am Bahnhof in Nässjö standen. Li fiel es schwer, die Tränen zurückzuhalten, obwohl sie es haßte, zu weinen.

„Nein, tu ich nicht. Ich komme schon klar!“ sagte sie tapfer und schluckte. „Wenn ich nur erst mal bei Ulli bin, ist alles gut!“

Aber es war gar nicht einfach, so ganz allein auf die weite Reise zu gehen. Mama umarmte Li, und Papa ebenfalls. Es war das erstemal, daß Li so lange und so weit von zu Hause fort war. Sie sah gar nicht so mutig und selbstbewußt aus wie sonst, als sie ihnen vom Zugfenster aus zuwinkte, sondern eher ziemlich kläglich. Gerade als der Zug aus dem Bahnhof rollte, schob sie das Fenster herunter und rief Gine zu: „Du kümmerst dich doch um Pirat, während ich weg bin?"

„Klar tue ich das!" rief Gine zurück. „Mach dir keine Sorgen! Ruf uns an, wenn du bei Ulli angekommen bist. Tschüs! Und viel Spaß!"

Gine und John

Es wurde eine stille, geruhsame Woche auf Norrlövsta, während Li fort war. Gine merkte, daß sie ihre lärmende, unordentliche kleine Schwester richtig vermißte. Es war so unnatürlich ruhig im Haus, wenn niemand Popmusik in höchster Lautstärke spielte, wenn keiner mit klappernden Holzpantoffeln die Kellertreppe hinunterlief, um sich ein Eis aus der Tiefkühltruhe zu holen, und keiner „Mama!" schrie, daß es nur so schallte.

Li hatte am Morgen nach der langen Zugfahrt angerufen, und da war sie natürlich wieder ganz munter gewesen. Sie hatte eine nette Frau in ihrem Schlafwagenabteil kennengelernt, mit der sie zusammen im Speisewagen gegessen hatte. Deshalb hatte sie sich überhaupt nicht einsam gefühlt; und dann hatte sie die ganze Nacht im Zug gut geschlafen.

„Hier liegt unheimlich viel Schnee!" erzählte Li am Telefon. „Und wir wollen nach dem Frühstück zum Abfahrtshang gehen, und dann zur Reitschule, und danach besuchen wir eine Freundin von Ulli, die ein Pony in einem anderen Reitstall stehen hat!"

Gine las ihre Weihnachtsbücher, versorgte die Pferde und ritt Morena – und dann konnte sie ihr Manuskript doch nicht so einfach in der Schublade liegen lassen.

Sie holte es hervor und begann es ins reine zu tippen, auf der gebrauchten Schreibmaschine, die sie vor ein paar Jahren von ihrer Mutter bekommen hatte, als sie einen Schreibmaschinenkurs besuchte.

Doch auch das Reinschreiben war keine leichte Sache. Gine wußte nicht recht, wie sie sitzen sollte, und bekam bald Rückenschmerzen dabei.

„Mama, weißt du, was ich haben möchte?" sagte sie am Silvesternachmittag zu ihrer Mutter, während sie in der Badewanne inmitten von duftendem Schaum lag.

Ihre Mutter streckte den Kopf durch die Tür und fragte: „Ja, was denn, Kind?"

„Wenn ich jemals wieder ein Buch schreiben sollte, möchte ich eine elektrische Schreibmaschine. Ich glaube, ich werde tausend Jahre brauchen, bis ich dieses Manuskript endlich fertig abgeschrieben habe."

Die Mutter sagte: „Paß mal auf, jetzt verspreche ich dir etwas. Wenn dein Buch von einem Verlag angenommen und herausgebracht wird, dann schenke ich dir eine elektrische Schreibmaschine."

„Du glaubst wohl, daß ich es sowieso nicht anbringe, wie?" sagte Gine.

„Das weiß ich doch nicht – du hast es mich ja nicht lesen lassen", beklagte sich die Mutter.

„Kommt nicht in Frage!" sagte Gine. „Wenn's gedruckt wird, dann kannst du es lesen!"

Sie hatte den Pferden früher als sonst ihr Abendfutter gegeben, um noch Zeit zu haben, zu baden und sich schön zu machen. Ihre Haare rochen immer nach Pferden, wenn sie im Stall gewesen war und die Boxen ausgemistet oder Pferde gestriegelt hatte. Jetzt war es schön, sich ein bißchen zu pflegen.

Als ihre Haare trocken waren, bürstete sie die langen, dunklen Strähnen, bis sie glänzten. Dann zog sie die neuen Sachen an, die sie in der Stadt gekauft hatte: einen schmalen, weinroten Rock aus weichem Samt, eine langärmlige Bluse im gleichen Farbton und dazu hochhackige Schuhe.

Sie sah sich von allen Seiten im Spiegel an. Das war nicht die gleiche Gine, die in alten Jeans und einem abgetragenen Stallpullover zu den Pferden ging – es war eine ganz andere, festlich gekleidete, fast erwachsene Gine. Und sie wunderte sich darüber, welch einen Unterschied die Kleidung doch bei einem Menschen machen kann.

Als John sie abholte, sagte er leise und mit einer Zärtlichkeit in der Stimme, die sie bisher noch nie bei ihm gehört hatte: „Wie hübsch du bist!"

Und sie lächelte ihm zu und erwiderte: „Weinrot ist meine Lieblingsfarbe."

Zum erstenmal seit langer Zeit fühlte Gine sich hübsch, ja fast schön. Ob es wegen der neuen Kleider war, oder weil John das zu ihr gesagt hatte, wußte sie nicht.

Der ganze Silvesterabend war wie ein Traum. Später konnte sie sich kaum noch erinnern, wie es in der eleganten Villa ausgesehen hatte, wo das Fest stattfand, oder was sie gegessen hatten, oder welche anderen Leute dabeigewesen waren. Sie hatte nur Augen für John, und es war herrlich, jung und verliebt zu sein. Sie tanzte jeden Tanz mit John, und wenn sie nicht tanzten, saßen sie in einer Ecke und redeten und redeten, als müßten sie einander unbedingt ihr ganzes Leben erzählen.

„Ich war mit einem Mädchen befreundet", sagte John, „und genau vor einem Jahr ist die Freundschaft auseinandergegangen. Am Neujahrsabend."

„Karin", sagte Gine.

Er sah sie überrascht an.

„Woher weißt du das?"

„Jemand hat es mir erzählt. Daß ihr miteinander an Wettkämpfen teilgenommen habt und so."

„Ja, und dann mußte ich mein Pferd verkaufen. Und da war ich plötzlich nicht mehr interessant für sie. Mir hat es ziemlich zu schaffen gemacht. Ich hab mir damals vorgenommen, daß mir Mädchen in Zukunft gestohlen bleiben können. So war's auch – bis jetzt. Bis ich dich getroffen habe."

Da war eine Frage, die Gine ihm unbedingt stellen mußte: „Warum bist du eigentlich so schnell verschwunden an dem Abend, als wir zusammen bei Eva waren?"

John saß eine Weile schweigend da, ehe er antwortete.

„Ich glaube, ich hatte Angst. Ich dachte, es wäre besser, vorsichtig zu sein und nicht wieder einfach so kopflos in etwas hineinzuschlittern."

„Und jetzt hast du keine Angst?"

„Muß ich das haben? Jetzt ist es sowieso zu spät, um noch etwas zu ändern. Ich bin in dich verliebt, seit ich dich zum erstenmal in der Reitschule gesehen habe.“

Und ich in dich, dachte Gine. Doch sie sprach es nicht aus.

„Weißt du“, sagte sie ehrlich, „so hab ich mich nicht mehr gefühlt, seit ich in England war, und das ist eineinhalb Jahre her.“ Sie verstummte und dachte an den Sommer in England zurück. „Ich werde dir erzählen, wie es gewesen ist. Es war in Cornwall. Nur eine Sommerliebe, dachte meine Mutter. Aber so war es nicht, auch wenn ich nie jemandem gesagt habe, wie ernst es für mich war. Er hieß Rod. Er spielte Gitarre und träumte davon, bei einer Band mitzumachen.“

Gine lächelte traurig. „Er hatte so viele Träume. Und wir waren schrecklich verliebt. Er hatte dunkles Haar und grüne Augen und war so... so aufregend. Alles war wie verzaubert in diesem Sommer. Und Englisch ist eine Sprache, in der man vieles ausdrücken kann. Ich wollte gar nicht mehr nach Schweden zurück. Aber ich mußte ja – hier war meine Schule, und Pirat... Ich mußte nach Hause. Rod wollte, daß wir heiraten – stell dir das vor! Dabei waren wir noch so jung. Wir beschlossen, daß er im nächsten Sommer nach Schweden kommen sollte. Vergangenen Sommer also.“

„Ist er gekommen?“ fragte John vorsichtig.

„Nein“, sagte Gine kurz. „Er ist nicht gekommen.“

„Was ist passiert?“

„Er schrieb, daß er kein Geld hätte, herzukommen, weil er die Chance bekommen hatte, in einer Gruppe mitzuspielen. Deshalb mußte er sich eine neue Gitarre kaufen, und dann wollten sie auf Tournee gehen. Sein Traum war einfach wahr geworden, verstehst du? Und ich hatte keinen Platz in diesem Traum. Es muß wohl immer einen geben, der den anderen mehr liebt.“

„Du bist noch immer in ihn verliebt“, sagte John.

Sie sah ihn ernst an. „Nein, John, nicht mehr. Das ist vorbei. Aber es hat lange weh getan. Wenn ich mich in jemanden verliebe, dann ist es mir ernst. Ich wollte nur, daß du das weißt.“

Vorbereitungen

Gine erwachte spät am nächsten Morgen mit dem Gefühl, daß etwas Schönes geschehen war. Dann dachte sie an die Silvesterfeier, und daß sie mit John zusammengewesen war – und an alles, was sie einander gesagt hatten.

Eine ganze Weile blieb sie noch im Bett liegen und dachte an das Fest zurück. Wie sie miteinander angestoßen und sich ein gutes neues Jahr gewünscht hatten, und wie sie noch lange mit John getanzt hatte. Noch immer klang ihr Abbas *Fernando* in den Ohren, und sie wußte, daß dieses Lied sie in Zukunft immer an diesen Silvesterabend erinnern würde, an die Stunden, in denen zwischen ihr und John alles richtig begonnen hatte.

Ob er wohl schon wach ist? dachte sie und sah auf die Uhr. Halb zehn – und meine armen Pferde haben noch nichts zu fressen bekommen! Na ja, einmal im Jahr können sie das wohl aushalten.

Gine steckte die Füße in die warmen Fellpantoffeln und schlich die Treppe hinunter. Es war still im Haus. Ihre Eltern schliefen wohl noch. Das Telefon stand glücklicherweise im Flur und nicht wie sonst im Schlafzimmer. Sie mußte einfach anrufen.

Sie wählte Johns Nummer. „Hallo“, sagte sie, „hab ich dich aufgeweckt?“

Sie hörte Johns verschlafene Stimme am anderen Ende der Leitung. „Hm, ja, das hast du, aber ich kann mir nichts Besseres vorstellen, als von dir geweckt zu werden!“

„Vielen Dank für gestern abend. Es war schön!“

„Hat es dir gefallen?“ John war offenkundig noch nicht richtig wach.

„Ja, klar, was glaubst du denn? Sag, kannst du nicht herkommen? Jetzt, meine ich.“

„Möchtest du das?“

„Ja, das möchte ich.“

„Ich komme“, sagte John.

„Ich hab gedacht, wir könnten miteinander ausreiten“, meinte Gine. „Wenn du Morena nimmst, reite ich auf Pirat. Du könntest mir mit Morena helfen. Sie ist im Winter unmöglich, wenn man nur die Wege entlangreiten kann. Sie wird immer aufgeregter und ist kaum noch zu halten.“

„Prima“, sagte John. „Ich bin nicht mehr geritten, seitdem der Schimmel verkauft worden ist.“

„John“, sagte Gine leise.

„Ja, was ist denn?“

„Hast du alles ernst gemeint, was du auf dem Fest gesagt hast?“

„Ja, natürlich!“ Johns Stimme klang, als wäre er erstaunt über die Frage. „Sonst hätte ich es nicht gesagt.“

John kam, und sie ritten gemeinsam aus. Gine merkte sofort, daß er ein viel besserer Reiter war als sie. Morena war lammfromm und kein bißchen widerspenstig. Gine genoß es, Pirat zu reiten. Wenn er draußen sein durfte, zeigte er sich immer von seiner besten Seite. Seine Ohren waren gespitzt, und er sah munter und vergnügt aus. So sehr klein kam er ihr auch nicht vor, zumindest nicht zu klein. Sie hatte ihn schon ziemlich lange nicht mehr geritten, doch sie fühlte sich sofort wieder heimisch in seinem alten Sattel. Sie spürte, wie sehr sie dieses Pferd liebte.

„Ich werde wohl nie etwas anderes sein als eine Ponyreiterin", sagte sie mit einem Seufzer.

John überlegte. „Weißt du, was wir machen?" sagte er plötzlich. „Ich hab doch eine Anhängerkupplung an meinem Auto. Hör zu, wir leihen uns einen Anhänger aus, und dann bringe ich Morena einmal in der Woche in den Reitclub, damit du mit ihr trainieren kannst. Was meinst du dazu?"

„Würdest du das wirklich machen? Hast du überhaupt Zeit dafür?"

John sah sie an, so unvermittelt und eindringlich, daß Gine ganz verwirrt wurde.

„Zeit? So ein Unsinn! Begreifst du denn nicht, daß ich mit dir zusammensein möchte?"

„O ja, gut, dann machen wir es so", sagte Gine glücklich. „Wann fängt das Springtraining denn wieder an?"

„Irgendwann Mitte Januar, glaube ich."

„Darauf freue ich mich. Und vielleicht gelingt es Gerhard, uns ein bißchen Schliff beizubringen – das hoffe ich jedenfalls."

Seite an Seite ritten sie im Schrittempo auf dem schmalen, verschneiten Waldweg. Pirat war voller Eifer. Er war nicht geritten worden, seitdem Li weggefahren war, hatte tagsüber auf der Koppel gestanden. Gine streichelte seinen Hals. Wenn Morena etwas folgsamer wurde, konnte vielleicht auch Li ab und zu mit der Stute reiten. Es hätte Gine Spaß gemacht, gelegentlich die Pferde zu tauschen und wieder öfter auf ihrem Pirat sitzen zu dürfen...

„Morena will immer ihren Kopf durchsetzen", sagte John in ihre Gedanken hinein. „Sie muß erst noch lernen, auch den Willen des Reiters zu respektieren."

„Ich weiß", erwiderte Gine. „Im Winter kommt das Training sowieso immer zu kurz. Aber jetzt wird das anders! Es wird toll werden, wenn ich regelmäßig in der Reithalle trainieren kann."

Plötzlich fiel ihr etwas ein. „John, du müßtest auch wieder ein Pferd haben. Das wäre doch wunderbar!"

„Ja, ich hab mir schon überlegt, ob ich mir wieder eines kaufen kann. Mal sehen", erwiderte er ausweichend.

Eine Weile ritten sie stumm nebeneinander her. Morena war ein bißchen gereizt und legte die Ohren an, wenn Pirat ihr zu nahe kam. Nichts war zu hören als das leise Knirschen des Schnees unter den Pferdehufen. Man kann gut mit John schweigen, dachte Gine und sah ihn von der Seite an. Und man kann mit ihm reden.

„Warum heißt du eigentlich Knudsen?" fragte sie. „Das ist doch kein schwedischer Name!"

„Mein Vater kommt aus Dänemark." John lächelte ein wenig schief und fügte hinzu: „Meine Eltern sind geschieden. Aber meine Mutter ist eine starke, selbständige Frau, sie kommt schon allein zurecht. Sie hat einen kleinen Laden in der Stadt. Ich helfe ihr mit der Büroarbeit."

„Kannst du gut maschineschreiben? Dann hätte ich nämlich einen Job für dich."

John lachte. „Ein-Finger-Suchsystem! Das kannst du bestimmt besser als ich. Wie geht's übrigens mit deinem Buch?"

„Ich schreibe das Manuskript gerade ab. Das dauert seine Zeit."

Nach dem Ausritt ging John noch mit ins Haus und aß

zusammen mit Gine und ihren Eltern zu Mittag. Ehe sie sich trennten, sagte er: „Ich ruf dich an!“ Er sah sie an und fügte mit liebevollem Spott hinzu: „Es sei denn, du kommst mir zuvor.“

„Ist das dumm von mir gewesen, daß ich dich heute früh angerufen habe? Ich konnte einfach nicht anders!“ erklärte Gine.

John wurde wieder ernst.

„Nein, natürlich nicht. Ich freue mich doch, wenn du anrufst – weißt du das nicht?“

Er küßte sie rasch und zärtlich auf die Wange und war auch schon fort.

Gine kämpfte sich weiter durch ihr Manuskript. Bald war sie die Schreiberei leid; sie wollte die Geschichte so rasch wie möglich abschicken. Sie hatte jetzt so vieles andere im Kopf. Endlich war sie mit der Reinschrift fertig und las alles ein letztes Mal durch. Sie verbesserte Tippfehler, packte das Manuskript in einen großen braunen Umschlag und schickte es an einen Verlag. Nun konnte sie nur noch warten und hoffen, daß die Geschichte dem Verleger gefiel.

Ein paar Tage vor Schulbeginn kam Li wieder von Bruksviken zurück. Sofort wurde es wieder lebhaft im Haus. Li war braungebrannt und sah frisch und fröhlich aus. Ihren Erzählungen nach hatten sie und Ulli fast die ganze Woche auf dem Abfahrtshang verbracht.

„Dann hat es dir also gefallen, Kleines?“ fragte Mama.

„Ja, klar, es war toll!“

Als die Schule wieder begann, merkten alle in der Familie, daß Li sich verändert hatte. Sie war ruhiger geworden und bekam nicht mehr so oft ihre Wutausbrüche. Auch von Norrland redete sie nicht mehr so viel. Es war beinahe, als hätte sie nach Bruksviken zurückfahren müssen, um sich zu vergewissern, daß dort alles beim alten war. Und nachdem sie nun dort gewesen war, brauchte sie auch nicht mehr dauernd daran zu denken. Auch Norrlövsta war schön.

„Weißt du“, sagte sie eines Abends zu Gine, „meine alten Freundinnen in Norrland finden, daß ich småländischen Dialekt rede! Das tue ich doch nicht. Und hier finden sie, daß ich norrländisch spreche.“

Ein bißchen småländisch redest du wohl schon“, meinte Gine. „Seit wir hierhergekommen sind, sprichst du das *r* genauso aus wie die Leute in dieser Gegend. Und in deinem Alter lernt man schnell einen Dialekt!“ Li wurde rot vor Ärger. „Aber ich will nicht småländisch reden!“

„Wenn ich mir's genau überlege, hast du auch schon ein paar Ausdrücke von hier übernommen“, fuhr Gine fort. „Aber das macht doch nichts! Mir gefällt der Dialekt hier sehr gut.“

Li verschwand mit nachdenklichem Gesicht. Sie konnte nur schwer akzeptieren, daß sie tatsächlich angefangen hatte, småländisch zu reden, ohne es selbst zu merken!

Nachdem Gine mit ihrem Buch fertig war, hatte sie plötzlich sehr viel Zeit. Anfangs war es schön, lange zu schlafen und sich zu entspannen. Doch bald wurde sie rastlos und nervös und fühlte sich nutzlos. Irgend etwas mußte sie tun. Am liebsten hätte sie sich wieder an den Schreibtisch gesetzt und eine Fortsetzung der Geschichte von Pirat geschrieben, denn sie hatte noch viele Ideen. Doch damit wollte sie warten, bis sie erfuhr, was aus dem Manuskript wurde. Ob der Verlag es haben wollte?

Gut, daß John da war. Nach Neujahr trafen sie sich fast täglich, wenn das Wetter nicht gerade so schlecht war, daß man nicht mehr den Hügel hinaufkam, und an solchen Tagen führten sie endlos lange Telefongespräche miteinander. Seltsam, wieviel sie einander zu sagen hatten... sie, die doch anfangs kaum ein

Wort miteinander gewechselt hatten.

„Jetzt hat's geklappt", sagte John eines Abends am Telefon. „Wir können Lindwalls Trailer ausleihen. Und das Springtraining fängt am Mittwoch um sieben Uhr abends an. Von da an ist es den ganzen Frühling lang jeden Mittwochabend. Ich komme um halb sechs zu dir hinauf. Läßt Morena sich leicht einladen?"

„Ja, ich glaube schon. Beim Umzug hat sie jedenfalls keine Schwierigkeiten gemacht, aber das ist ja bereits einige Zeit her."

Schon Tage vorher war Gine richtig aufgeregt – fast wie vor einem Turnier, fand sie. Es würde das erste regelmäßige Springtraining für sie und Morena werden. Alles mußte überprüft werden und in Ordnung sein.

Gine wusch ihre helle Reithose und versuchte ihre Stiefel, die alt und abgetragen waren, wieder auf Hochglanz zu polieren. Sie bürstete den Staub von ihrer Reitkappe und flickte ein paar Nähte an den grauen Lederhandschuhen. Trense und Sattel wurden mit Sattelseife behandelt, bis das Leder weich und geschmeidig war. Die Trense sah ja nicht mehr allzu großartig aus, nachdem der eine Riemen am Nackenstück abgegangen und das Seitenstück in einem neugebohrten Loch oberhalb der schadhaften Stelle befestigt war, doch das ließ sich nicht ändern. Wenn Gine wieder Geld hatte, wollte sie eine neue kaufen. Sie hatte in der Stadt im Reitsportgeschäft eine wunderbare englische Ledertrense gesehen, doch die kostete 275 Kronen.

Obwohl ihre Mutter protestierte, wusch Gine Morenas Dekken in der Waschmaschine. Es war eine Jutedecke mit grauem Filz an der Innenseite für den Winter, eine blau-gelb karierte Sommerdecke aus Baumwolle und eine blaue Schweißdecke. Der ganze Keller roch nach verschwitztem Pferd, als Gine die Decken hinunterschleppte. Deshalb stieß diese Säuberungsaktion bei ihrer Mutter nicht auf große Gegenliebe.

Am Mittwoch striegelte Gine Morena besonders sorgfältig. Die Stute hatte natürlich nicht so ein dickes Winterfell wie Pirat, aber sie war doch langhaarig, und es war nicht leicht, ihr Fell zum Glänzen zu bringen. Den Schweif bürstete Gine Strähne für Strähne, bis er wirklich seidig glänzte.

Zuletzt ging Gine ins Haus und zog saubere Reitkleidung und frisch geputzte Stiefel an. Die Haare flocht sie zu einem langen Zopf im Nacken. Dann schminkte sie sich die Augen. Jetzt konnte John kommen.

Springtraining

„Ich bin mit dem Anhänger nur mit Mühe und Not die steilen Straßen heraufgekommen", rief John, als er auftauchte. „Ob's mit einem Pferd geht, weiß der Teufel."

„Dann müssen wir Morena auf der Heimfahrt eben unten ausladen und sie heraufführen", meinte Gine. „Oder reiten."

„Ja, das wäre eine Lösung. Mal sehen, wie es geht. Ich möchte nicht, daß wir ins Schleudern kommen und irgendwo mitten auf der Anhöhe quer über der Straße landen. Eigentlich müßten wir ein kleines Lastauto haben, das wäre wendiger, und man könnte zwei Pferde damit befördern..."

Es dauerte nur ein paar Minuten, um Morena in den Trailer zu führen. Sie ging ohne Zögern hinein. Gine und John brauchten sie nur noch anzubinden und die Klappe hinter ihr zu schließen.

„Großartig!“ sagte John. „Es ist furchtbar, wenn sie nicht hineinwollen und sich anstellen, als hätte man weiß Gott was mit ihnen vor. Sie tun mir dann immer leid. Also, dann machen wir uns auf den Weg!“

Er fuhr langsam und vorsichtig die vereisten Straßen hinunter. Sie hörten Morena unruhig im Anhänger stampfen. Gine sagte kein Wort.

„Bist du nervös?“ fragte John.

„Ja, etwas schon“, gab Gine zu. „Bei Morena weiß man nie so genau, wie es geht. Wenn sie in der richtigen Stimmung ist, läuft bei ihr alles wie am Schnürchen. Es kann aber auch passieren, daß sie die Hufe in den Boden stemmt und einfach verweigert.“

„Das kommt schon in Ordnung“, erwiderte John aufmunternd. „Gerhard merkt schnell, wo die Probleme liegen. Er hilft dir. Und Morena auch!“

„Ja, Hilfe ist genau das, was wir brauchen“, murmelte Gine.

Kurze Zeit später war sie zusammen mit fünf anderen Reitern in der großen Halle. Sie ließen ihre Pferde im Schrittempo gehen. Morena sah sich mit hocherhobenem Kopf um. Gine spürte ein leichtes nervöses Kribbeln im Magen. Doch sie war überzeugt, daß diese Reitstunde der Auftakt zu etwas Gutem sein würde. Ein Schritt in eine neue Richtung, eine Art Wendepunkt in ihrem Reiterleben. Von nun an würde sie zielsicherer reiten, mehr aus ihren Fehlern lernen – und vor allem auch ein bißchen mutiger werden.

Nach einer Weile begannen sie die Pferde im Trab und im Galopp aufzuwärmen. Morena war voller Eifer. Sie trabte mit raschen Schritten und galoppierte viel zu schnell.

„Sie läuft einfach bloß", sagte Gerhard. „Wir werden viel Zeit auf Bodenarbeit verwenden müssen, damit sie es lernt, sich auf andere Weise zu bewegen. Mach eine halbe Parade! Nein, so war's nicht richtig, versuch es noch mal! So, ja. Jetzt gebe ich dir eine Übung, etwas, womit du arbeiten kannst, während ich mich um die anderen kümmere."

Gerhard sah Gine mit seinem gutmütigen Lächeln an. Sie nahm alles begierig auf, was er ihr sagte.

„Jetzt reitest du mal mit deinem Pferd im Trab, und zwar so: Reite eine Runde auf der Volte im kurzen Trab, dann zwei Runden, bei denen du Morena sanft antreibst. Verringere dann das Tempo, und hinaus auf das Viereck mit ihr. An den Breitseiten mußt du schneller werden, aber vor den Ecken das Tempo verringern. Kurzes Tempo an den Schmalseiten, dann, auf der nächsten Breitseite, wieder schneller werden. Tempo verringern, auf die Volte reiten und so weiter. Hast du verstanden?"

„Ja, ich glaube schon."

„Und dann vergiß die halben Paraden nicht, sonst ist die Übung sinnlos. Wichtig ist für dich, daß dein Pferd aufmerksamer wird und besser ins Gleichgewicht kommt."

„Ich werd's versuchen."

Es war mühsam – mühsamer, als man hätte glauben mögen. Anfangs wollte Morena einfach nur davonstürmen. Gine kämpfte mit halben Paraden und Tempowechsel dagegen an. Ab und zu warf Gerhard ihr einen Blick zu und rief einmal „Gut gemacht, Gine!", als er sie vor einer Ecke eine geglückte halbe Parade machen sah. Alles in allem aber ließ er Gine allein arbeiten.

Die anderen Reiter in der Halle arbeiteten ebenfalls an ihren jeweiligen Schwierigkeiten. Gerhard hatte ein paar einfache Balkenhindernisse aufgebaut, die sie überspringen sollten. Gine vergaß bald ganz, daß sie nervös gewesen war. Jetzt waren sowohl sie als auch ihr Pferd aufgewärmt und in Schwung. Sie ritten im Trab auf die Hindernisse zu und sprangen darüber – und nach jedem Aufsetzen stürmte Morena im Galopp davon und kam an den Schmalseiten fast zu Fall. Zumindest schien es Gine so.

Daß Morena nicht aufgibt! dachte Gine, die langsam müde wurde, bewundernd. Gerhard zeigte ihr, wie sie beim Anreiten den Oberkörper mehr nach vorn beugen und sich anschließend aufrichten und mit beiden Zügeln arbeiten mußte, statt nur an dem einen zu ziehen.

„Und wenn sie wieder mit dir durch die Ecken rast, sitz nicht bloß da und mach ein ängstliches Gesicht. *Treib* dein Pferd durch die Ecke und dann hinein in die Volte, und treibe es eine Runde im Galopp. Du mußt den Mut haben, dein Pferd vorwärts zu reiten – und das ist nicht das gleiche, als wenn es mit dir davonrast!"

Als Abschluß mußten sie über einen Oxer springen, der auf der Mittellinie mitten in der Halle stand. Morena sprang gut, und Gerhard lobte sie.

„Prima!" sagte er. „Gleich noch mal!"

Er verlängerte das Hindernis, indem er den hinteren Balken versetzte. Gine fand, daß es beunruhigend breit aussah.

„Jetzt springt sie nicht", sagte sie.

„Ach was!" erwiderte Gerhard. „Sie ist beim letzten Sprung dort hinten gelandet. Das ist keine Schwierigkeit für sie. Los jetzt, versuch's!"

Das Besondere an Gerhard war, daß er seinen Schülern und auch den Pferden das Gefühl gab, alles schaffen zu können. Gine vertraute ihm. Sie ritt im Galopp auf den unheimlichen Oxer zu, Morena streckte sich zu einem langen Sprung, und schon waren sie darüber.

„Das reicht Morena wohl für heute", sagte Gerhard. Er sah Gine zufrieden entgegen, die erhitzt und keuchend auf ihrem verschwitzten Pferd im Schrittempo auf ihn zugeritten kam. „Und dir wohl auch?" fügte er grinsend hinzu. „Am Anfang sollten wir vorsichtig sein und nicht zu viel von deinem Pferd verlangen."

Der Rest der Gruppe sprang weiter. Gine lockerte den Sattelgurt und führte Morena aus der Reithalle zu einer Box in den Rennstall, wo sie stehen konnte, bis sie nach Hause fuhren. Dort gab es auch Heu. Die Stute begann hungrig zu fressen, während Gine sie absattelte und trockenrieb.

Der Woilach war ganz durchnäßt. Morena versuchte Gine in eine Ecke zu drängen und ihren Kopf an ihrer Jacke zu reiben. Gine streichelte die Stute, sie holte die Schweißdecke und legte sie ihrem Pferd auf.

John war natürlich oben in der Cafeteria. Er trank Kaffee und sah dem Springtraining zu. Als Gine kam, leuchtete sein Gesicht auf.

„Das ist ja prima gelaufen!" sagte er. „Hol' dir eine Tasse Kaffee und setz' dich ein bißchen zu mir."

„Mann, war das toll!" stieß Gine hervor. „John, weißt du, es war überhaupt nicht so schlimm, wie ich dachte. Keine hohen Hindernisse und so. Und Morena hat es auch gefallen. Hast du gesehen, wie sie gesprungen ist? Aber es war anstrengend. Meine Arme und Beine tun weh. Gerhard ist phantastisch, ich hab so viel von ihm gelernt. Er erklärt alles so gut! Und er ist nett zu den Pferden!"

„Fang bloß nicht an, dich in ihn zu verlieben!" sagte John.

„Ach, Quatsch!" Gine kicherte und versetzte John einen Rippenstoß.

„Paß auf meinen Kaffee auf!"

„Du bist selbst schuld, wenn du so albern daherredest!"

Grüße vom Jugendbuch-Lektorat

Gine freute sich nun schon immer auf die Mittwochslektionen. Sie fand, daß sie bei jeder Reitstunde etwas dazulernte. Gerhard ging wirklich allen Problemen auf den Grund. Wie damals, als Morena sich anspannte und absolut nicht im Linksgalopp auf ein Hindernis zureiten wollte. Da mußte sie besondere Bodenarbeit auf der Volte leisten, bis sie den Widerstand aufgab und Vertrauen gefaßt hatte. Und ein andermal schwang sich Gerhard selbst in Morenas Sattel, um Gine zu zeigen, wie sie im Galopp mit dem inneren Zügel führen und nachgeben und ihr Pferd mit der inneren Hand im richtigen Augenblick streicheln und loben sollte, wenn die Sache geglückt war.

Manchmal kam Li mit zum Unterricht. Dann durfte sie hinterher mit Morena im Schritt reiten. Gine glaubte, daß ihre Schwester auch bald lernen konnte, mit Morena auf den Waldwegen auszureiten, denn die Stute war nun schon viel nachgiebiger und vorsichtiger. Gleichzeitig wirkte sie weniger ängstlich.

Morena war ruhiger geworden.

Mit der Zeit wurden die Hindernisse ein bißchen höher und breiter, ohne daß Gine oder Morena es richtig merkten. An einem Mittwochabend im März sagte Gerhard: „Am Sonntag ist wieder Clubspringen. Zwei leichte C-Klassen. Da kannst du mitmachen – die Hindernisse überwindet Morena spielend."

Gine spürte, wie die alte Nervosität sie wieder überfiel. Doch dann dachte sie: Leichtes C-Springen – was ist das schon! Wenn ich diese niedrigen Hindernisse nicht schaffe, kann ich es gleich aufgeben!

An den Donnerstagen ritt Gine immer nur im Schrittempo spazieren. Das waren Morenas Ruhetage, die Tage nach dem Springtraining. Dann hängte Gine ihre Riementasche über die Schulter, ritt zum Briefkasten hinunter, der beim Nachbarn stand, und holte die Post. Es war gerade der richtige kleine Spazierritt den Hügel hinunter und wieder hinauf.

An einem Donnerstag Ende März dachte Gine gerade an das Springtraining, während sie sich vorbeugte und den Deckel des Briefkastens hob. Da war die Tageszeitung – und dann noch ein dickes braunes Kuvert, verdächtig ähnlich dem, das sie selbst vor ein paar Monaten abgeschickt hatte...

Es war an sie adressiert – Gine Nyberg, Norrlövsta.

„Herrje!" sagte Gine mit Nachdruck und starrte auf das widerliche braune Kuvert nieder, während sie all ihre Pläne für eine Zukunft als Schriftstellerin in Rauch aufgehen sah. „Das kann doch nicht sein – es kann nicht sein, daß sie mir mein Manuskript zurückgeschickt haben!"

Sie drehte und wendete den Umschlag, während Morena ungeduldig vor und zurück ging. Es gab keinen Zweifel. Der Name des Verlags stand in der einen Ecke. Gine sah voller Abscheu darauf nieder.

„Verdammt noch mal!“

Sie rollte das dicke Kuvert zusammen, so daß es Platz in ihrer Tasche hatte, und ritt langsam heimwärts. Dabei fühlte sie sich seltsam leer und wütend zugleich. Ihre ganze Seele hatte sie in diese Erzählung mit hineingepackt – und jetzt war sie nicht gut genug. Die Arbeit von mehreren Monaten! Was sollte sie jetzt tun?

Ich mache es nicht auf, dachte sie. Ich will nicht wissen, was ihnen nicht gefällt. Wenn es zu schlecht ist, dann kann ich es auch nicht ändern. Wenn ich den Umschlag jetzt öffne und lese, warum sie es nicht haben wollen, werde ich bloß traurig und mutlos – und dann kann ich sicher auch am Sonntag nicht springen.

So versteckte sie das braune Kuvert in einer Schreibtischschublade in ihrem Zimmer und erzählte keinem Menschen, daß sie es bekommen hatte. Und wenn sie während der folgenden Tage ungewöhnlich schweigsam war, dann meinten die Eltern und Li, daß es mit dem Springturnier zusammenhing.

Am Freitag kam Li mit einem Stapel Zeichnungen aus der Schule zurück, die sie ihren Eltern und Gine stolz zeigte.

„Seht mal!“ sagte sie. „Ich hab unser Haus gezeichnet, und da liegt Robbie vor der Tür. Und dort unten bei der Eingangspforte ist ein Schild, auf dem *Norrlövsta* steht.“

„So ein Schild müßten wir haben“, meinte der Vater. Li machte ein geheimnisvolles Gesicht. Sie wühlte in ihrer Schulmappe. „Und hier“, sagte sie, „das hab ich im Werkunterricht gemacht.“

Sie hielt ein schön poliertes Stück Holz in der Hand. In das Holz war mit kindlich runden Buchstaben das Wort *„Norrlövsta“* eingebrannt.

Gine sah die Mutter an, die plötzlich Tränen in den Augen hatte. Gine verstand, wie ihr zumute war. Dieses Kind, dachte sie. Den ganzen Herbst war sie so unruhig gewesen. Aber jetzt hat sie wohl endlich begriffen, daß hier unser Zuhause ist.

„Toll hast du das gemacht!“ sagte Gine zu Li. „Daß du so etwas kannst!“

„Ach, das ist doch nichts Besonderes“, erwiderte Li zufrieden.

Später am Abend merkte Gine, daß jemand an ihrer Schreibmaschine herumgefingert hatte. Ein Blatt Papier steckte darin, auf dem stand:

Gine und Morena nehmen am Sonntag
am Springturnier teil. Sie gewinnen
sicher den ersten Preis!

Kleine Schwester! dachte Gine. So ein Unsinn! Aber es ist schön, daß wenigstens Li an mich glaubt. Gine beschloß, am Sonntag ihr Allerbestes zu geben.

Vor dem Wettkampf merkte Gine zu ihrer Verwunderung, daß sie überhaupt nicht aufgeregt war. Alles war ihr vertraut. Den Reitstall und die Hindernisse waren sie und Morena ja nun schon gewöhnt. Als Gine vor der ersten Springklasse die Bahn abging, hatte sie das angenehme Gefühl, daß die Hindernisse viel niedriger und einfacher waren als die, die sie in Gerhards Training schon übersprungen hatte.

„Genauso soll man sich fühlen, wenn man richtig vorbereitet ist“, sagte John ermutigend. „Und die Bahn kann man sich leicht einprägen.“

Die Vorbereitung fand im alten Reitstall statt. Dort war es wie gewöhnlich eng und überfüllt. Doch diesmal blieb Morena ganz ruhig. Es war nicht schwer, sich aufzuwärmen und ein paar Sprünge zu versuchen. Sie überwanden ein Birkenrick im Trab und galoppierten auf den Oxer zu. Kein Problem, hätte Gerhard gesagt. Morena sprang ruhig und sicher.

Es nahmen ungefähr dreißig Reiter mit ihren Pferden teil; Reitschulpferde und Privatpferde waren gemischt. Es war ja nur ein einfaches Clubspringen. Gine kannte mehrere Teilnehmer. Die erste Klasse sollte in Idealzeit geritten werden, was bedeutete, daß man nicht zu schnell, aber sehr sorgfältig reiten sollte. Weiche Wendungen und normales Grundtempo, die ganze Zeit über Galopp.

Als Gine auf die Bahn ritt, fühlte sie sich völlig ruhig. Morena war in guter Form. Es war ja ihre bekannte Trainingshalle, nichts, was die Stute in Aufregung versetzen konnte. Trotzdem begann es schlecht – mit einem plötzlichen Halt vor dem allerersten Hindernis! Es tauchte so plötzlich vor ihnen auf, und Morena war offensichtlich noch nicht richtig darauf vorbereitet.

Gine ärgerte sich. Verdammt noch mal! dachte sie. Jetzt müssen wir uns aber zusammennehmen! Sie ritt erneut auf das Hindernis zu, drückte die Schenkel an und trieb Morena vorwärts. Morena sprang schön und weit, und nach der Landung trieb Gine sie weiter. Gerhard hätte bestimmt einiges am Tempo zu bemängeln gehabt, das natürlich wieder einmal viel zu hoch war.

Nun schien Morena die Sache zu gefallen. Sie war leicht zu lenken, und Gine konzentrierte sich darauf, die Schenkel anzudrücken und senkrecht auf die Mitte der Hindernisse zuzusteuern.

Sie kamen ins Ziel, ohne ein einziges Hindernis berührt zu haben. Das Verweigern am Anfang war auch gar nicht so schlimm gewesen, fand Gine. Trotzdem ärgerte sie sich über sich selbst.

„Sonst wären wir fehlerfrei geritten!“ sagte sie zu John, als sie vor dem Reithaus saßen und Li für eine Weile Morenas Zügel übernahm. „Das ist doch mal wieder typisch für mich, daß ich's verpatze! Drei ganz unnötige Fehlerpunkte!"

„Ja, die waren unnötig", stimmte John zu. „Aber in der nächsten Klasse wird es besser, wart's nur ab. Ihr wart prima!"

Später kam die Preisverteilung. Natürlich hatten zu viele mit null Fehlern abgeschnitten, als daß Gine eine Chance gehabt hätte, einen Preis zu bekommen.

Die Bahn wurde umgebaut, und Li war glücklich, denn sie durfte Morena herumführen, während Gine zusammen mit John die Bahn abging.

„Sag mir, wie ich reiten soll!" bat sie ihn.

„Das ist nicht weiter schwierig. Reite wie vorher, aber paß auf, daß Morena schon vor dem ersten Hindernis aufmerksam ist! Und denk daran, daß diesmal die Wertung A: 1c gilt; wenn du also fehlerfrei reitest, mußt du sofort noch mal springen. Das bedeutet, daß du die Bahn für den zweiten Umgang schon jetzt genau im Kopf haben mußt."

„Sie müßte es fehlerfrei schaffen können", meinte Gine. „Eigentlich. Vorher ist sie so gut gewesen, nachdem wir in Schwung gekommen sind."

Diesmal ritt sie sehr viel entschlossener auf die Bahn, mit einem wachen Pferd, das von Anfang an genau wußte, worum es ging. Nun hieß es, sich zusammenzunehmen und scharf aufzupassen!

Das Gemurmel unter den Zuschauern – es waren vor allem Clubmitglieder und deren Familien – verstummte, als das Mädchen die Startflagge senkte und Gine losgaloppierte. Morena scheute ein wenig vor der Flagge, und Gine trieb sie auf das erste Hindernis zu, das ein einfacher Graben war. Keinerlei Schwierigkeiten! Morena sprang willig darüber und galoppierte weiter.

Gines Konzentration ließ keinen Augenblick nach. Sie drückte die Schenkel an und gab mit den tief gehaltenen Händen beiderseits des Pferdehalses in Richtung zum Hals nach. Morena wirkte sicher; sie wußte, daß sie diese Hindernisse überwinden konnte. Über das grün-weiße Koppelrick auf der Diagonale flog sie nur so, und dann ging es in hohem Tempo weiter, so daß sie in der Ecke etwas rutschten, ehe sie mit einer Wendung zu einem großen Oxer gelangten. Sie ritten nicht ganz genau von der Mitte her, und Morena mußte sich mit einem Katzensprung retten. Gine hörte, wie ein Hinterhuf gegen den Balken schlug, doch es klang nicht, als wäre etwas heruntergefallen.

Das letzte Hindernis war eine Mauer. Morena sprang gern über Mauern, besonders wenn sie nicht höher als einen Meter waren. Sie schafften einen eleganten Sprung und waren im Ziel.

Gine war ziemlich erschöpft. Ihr kam es vor, als wären sie eine Ewigkeit auf der Bahn gewesen. Sie ritt langsamer und holte Atem.

„Null Fehler, also zweiter Umlauf. Du hast dreißig Sekunden zum Start."

Gine saß verwirrt im Sattel. In ihrer Freude darüber, daß es so gut geklappt hatte, hatte sie ganz vergessen, daß sie gleich noch einmal springen mußten. Meine Güte, überlegte sie, wie war doch die Reihenfolge der Hindernisse gleich wieder? Und wie soll ich das bloß noch mal schaffen?

Sie verkürzte die Zügel, während sie rasch in Gedanken die Anordnung der Hindernisse wiederholte. Dann faßte sie Galopp und ritt wieder durch den Start. Morena war warm und springfreudig und setzte gern noch einmal über die Hindernisse hinweg.

Gine aber war jetzt müde, sie ritt unnötig große Bogen. Sie kamen ein zweites Mal fehlerfrei ins Ziel. Gine konnte kaum glauben, daß sie es wirklich geschafft hatte! Die Zeit hörte sie nicht, aber die war sicher schlecht. Doch das war ihr gleichgültig. Überglücklich streichelte sie ihr Pferd und ritt hinaus, während die Zuschauer Beifall klatschten. Erst jetzt wurde ihr wieder bewußt, daß da eine Menge Leute saßen, die ihr zugesehen hatten.

John kam ihr lachend entgegen. „Hallo, Gine! Beim zweiten Umgang bist du ja wohl absolute Idealzeit geritten ..."

„Waren wir so langsam? Ich weiß, daß ich zu große Bogen gemacht habe. Ich war so müde. Aber gesprungen ist Morena jedenfalls fehlerfrei."

„Ihr wart gut!", sagte John. „Ich hab nur Spaß gemacht. Aber es ist nicht sicher, ob du dich mit dieser Zeit plazieren kannst."

„Ist egal", erwiderte Gine. „Hauptsache, Morena hat nicht verweigert. Die vertraut mir jetzt, und das ist das wichtigste!"

„Sollen wir eine Tasse Kaffee trinken?"

„Ich muß mich um Morena kümmern."

„Das mache ich schon!" rief Li, die plötzlich aus dem Nichts auftauchte. „Prima ist sie gesprungen! Glaubst du, daß ihr gewinnt? Darf ich Morena eine Weile im Schritt reiten, bis sie trocken ist?"

„Ich gewinne nicht", sagte Gine, „aber vielleicht kriege ich eine kleine Rosette. Vielleicht. Bleib aber in der Nähe, mit Morena, falls ..."

Doch Li hörte schon nicht mehr zu. In der Cafeteria war es eng und laut. Sie und John kauften sich Kaffee und belegte Brote und drängten sich bis ans Fenster vor. Nun war der letzte Teilnehmer an der Reihe. Bald würden die Ergebnisse bekanntgegeben werden.

Gine versuchte sich einzureden, daß es gleichgültig war, ob sie einen Preis bekam oder nicht. Sie wollte sich keine großen

Hoffnungen machen, damit sie nachher nicht enttäuscht war.

Es knackte und rauschte im Lautsprecher. Dann begann der Ansager das Ergebnis des Leichten C-Springens – Wertung A: 1c – zu verkünden. Sechs Reiter hatten sich in der Klasse plaziert. Eins, zwei, drei, vier... Nein, Gine war nicht unter ihnen... Aber jetzt! „Gine Nyberg auf Morena, null Fehler, Zeit..."

Die Zeitangabe ging in Johns stürmischer Umarmung unter. Gine strahlte ihn an. Plötzlich war sie überhaupt nicht mehr müde.

„Immerhin eine grüne Rosette", sagte sie leise und glücklich. „Jetzt muß ich aber loslaufen und Morena holen!"

John lachte, als er Gine wie ein Kind davonlaufen sah.

„Wir bitten sämtliche Preisträger, mit ihren Pferden zur Preisverteilung zu kommen..."

Gine fand Li und Morena, und dann ritt sie mit den anderen in die Halle, um ihren Preis entgegenzunehmen. Es machte Spaß, mit der grünen Rosette in Morenas Stirnband eine Ehrenrunde um die Hindernisse zu galoppieren. Gine dachte, daß sie sich ja eigentlich nichts aus Rosetten machte, aber es war zumindest ein Zeichen, daß sie mit ihrer Reiterei den richtigen Weg eingeschlagen hatte – und das war das wichtigste. Sie und Morena verstanden und vertrauten einander.

Als sie Morena nach Hause gefahren und versorgt und beide Pferde gefüttert hatten, blieb John noch zum Abendessen auf Norrlövsta. Gine war müde, sie sprach nur wenig. Li plauderte um so mehr. Sie erzählte den Eltern alles über die Wettkämpfe. Die anderen kamen kaum noch zu Wort.

Jetzt, wo das große Ereignis vorüber war, konnte Gine eine bestimmte unangenehme Sache nicht mehr länger verschweigen.

„John, komm mal mit", sagte sie und führte ihn hinauf in ihr

Zimmer. „Ich muß dir etwas zeigen."

Sie zog einen braunen Umschlag aus der Schreibtischschublade und sagte: „Hier..., ich hab mein Manuskript zurückbekommen!" Sie schluchzte.

John sah nicht besonders überrascht aus. „So geht's wohl den meisten Schriftstellern am Anfang", erwiderte er einfach. „Was schreiben sie denn?"

„Das weiß ich nicht", murmelte Gine niedergeschlagen. „John, verstehst du denn nicht? Das mit dem Buch war so wichtig für mich. Ich wollte Rod zeigen, daß ich auch ohne ihn zurechtkomme – obwohl mir das jetzt ganz gleichgültig ist! Und ich wollte mir selbst beweisen, daß ich es schaffe, daß ich auch etwas kann..."

Plötzlich hätte sie sich am liebsten aufs Bett geworfen und losgeheult.

„Mach's doch mal auf", sagte John ruhig.

Gine riß den Umschlag auf. Da lag ihr Manuskript. Ein Brief vom Verlag war dabei, auf dem stand:

Liebe Gine Nyberg!

Ihr Manuskript „Pirat und ich" gefällt uns gut, und wir würden gern ein Buch daraus machen. Es paßt ausgezeichnet in unser Pferde-Programm für Jugendliche. Das Problem ist nur, daß das Manuskript viel zu lang ist! Glauben Sie, daß Sie das Manuskript etwa bei der Hälfte des Textes teilen könnten, so daß zwei Bücher daraus werden? Versuchen Sie es doch mal, und melden Sie sich wieder bei uns!

Herzliche Grüße,
Ihr Jugendbuch-Lektorat

„Das kann doch nicht wahr sein!" flüsterte Gine. „Sie wollen es haben! John, sie wollen es haben! Und ich hab mich nicht getraut, es aufzumachen!"

„Feigling“, lachte John.

„Du“, sagte Gine ernst, „verstehst du, was das bedeutet? Ich kann auch ein anderes Buch schreiben. Ich kann weiter hier auf dem Land wohnen, mich mit Pferden beschäftigen und Bücher schreiben. Genau wie ich es mir gewünscht habe.“

Und was ist mit mir?“ fragte John.

„Ja, und natürlich mit dir zusammensein“, fügte Gine schüchtern hinzu. Sie nahm seine Hand.

„Komm. Jetzt gehen wir hinunter und sagen meiner Mutter, daß sie mir eine elektrische Schreibmaschine schuldet!“

CIP-Kurztitelaufnahme der Deutschen Bibliothek

Pahnke, Lisbeth:
Gine / Lisbeth Pahnke.
[Übers.: Ursula Dotzler]. –
München; Wien; Zürich: F. Schneider

Bd. 1. Ein Pferdehof in Schweden. – 1985
ISBN 3-505-09007-7

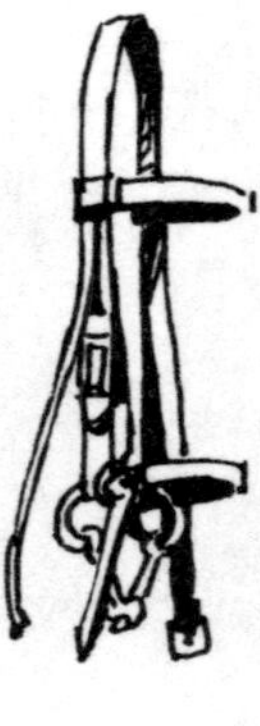

Schneider-Buch

8000 München 46 · Frankfurter Ring 150 · Wien–Zürich
Titelbild und Illustration: Klaus Pahnke/Werner Heymann
Übersetzung: Ursula Dotzler
Lektorat/Redaktion: Helga Wegener-Olbricht
ISBN: 3 505 09007-7
Bestell-Nr.: 9007
Originaltitel: SANDRA PÅ NORRLÖVSTA
Erschienen bei: AB Rabén & Sjögren Bokförlag, Stockholm
Ein weiterer Band ist in Vorbereitung

Spannende Pferdebücher von Lisbeth Pahnke

HABE ICH		WÜNSCHE ICH MIR
	Britta reitet die Hubertusjagd (Band 1) Reiterferien mit einem grandiosen Ende	
	Britta und ihr Pony (Band 2) Der neue Freund – ein Pferd	
	Britta siegt auf Silber (Band 3) Ein spannender Wettkampf	
	Britta als Pferdebursche (Band 4) Herrliche Erlebnisse auf einem Bauernhof	
	Britta, die Reitlehrerin (Band 5) Ein großer Wunsch geht in Erfüllung	
	Britta siegt beim Springturnier (Band 6) Ein dickköpfiges Pony hat seltsame Ideen	
	Britta rettet ein Pferd (Band 7) Ein aufregender Ritt durch die Nacht	
	Brittas Herz gehört den Pferden (Band 8) Silber ist das beste Pony der Welt	
	Britta reitet in den Sommer (Band 9) Vorbereitungen für einen großen Wettkampf	

Gib diesen Wunschzettel Deinen Eltern oder Großeltern oder allen, die Dir gerne eine Freude machen wollen.

HABE ICH		WÜNSCHE ICH MIR
	Britta sattelt um (Band 10) Endlich bekommt Britta ein eigenes Pferd	
	Britta muß sich entscheiden (Band 11) Ein wichtiger Tag in Brittas Leben	
	Britta · Sammelband 1 Drei Bände der schönsten Pferdeerlebnisse	
	Britta · Sammelband 2 Drei Bände spannender Pferdeabenteuer	
	GINE (Band 1) Ein Pferdehof in Schweden	

Gib diesen Wunschzettel Deinen Eltern oder Großeltern oder allen, die Dir gerne eine Freude machen wollen.